政治文化与政治文明书系

主编：高　建　马德普

多元文化与国家建设系列

执行主编：常士閏

本书是国家社科基金青年项目
"美利坚民族-国家建构的过程、理论与经验研究"
（编号：15CMZ036）的阶段性成果，
也是中国博士后科学基金第55批面上资助一等资助项目
"土著美国人问题与美国族群政治模式研究"
（编号：2014M550119）的最终成果。

政治文化与政治文明书系

多元文化与国家建设系列

美国印第安人政策史论

A Study of The History
of The American Indian Policy

王坚◎著

天津出版传媒集团

天津人民出版社

图书在版编目（ＣＩＰ）数据

美国印第安人政策史论 / 王坚著. -- 天津：天津
人民出版社,2018.10
（政治文化与政治文明书系. 多元文化与国家建设系
列）
ISBN 978-7-201-13732-2

Ⅰ.①美… Ⅱ.①王… Ⅲ.①美国印第安人—种族—
政策—研究 Ⅳ.①D771.262

中国版本图书馆 CIP 数据核字(2018)第 199658 号

美国印第安人政策史论
MEIGUO YINDIANRENZHENGCE SHILUN

出　　版	天津人民出版社
出 版 人	黄　沛
地　　址	天津市和平区西康路35号康岳大厦
邮政编码	300051
邮购电话	（022）23332469
网　　址	http://www.tjrmcbs.com
电子信箱	tjrmcbs@126.com
策划编辑	王　康
责任编辑	王　玚
装帧设计	卢炀炀
印　　刷	高教社(天津)印务有限公司
经　　销	新华书店
开　　本	787毫米×1092毫米　1/16
印　　张	11.75
插　　页	2
字　　数	200千字
版次印次	2018年10月第1版　2018年10月第1次印刷
定　　价	88.00元

政治文化与政治文明书系

天津师范大学政治文化与政治文明建设研究院·天津人民出版社

编 委 会

前　言

　　本书从印第安人问题在美国种族、族群政治结构中的独特性入手,分析了美国建国以来至今的印第安人政策史,尤其侧重于分析历次政策变迁的背景、原因、目标、措施、实施及其成效;在此基础上,还对这些政策与美国种族与族群政策乃至美利坚"民族-国家"建构模式之间的联系及相互影响,也作了相应的探讨。

　　历史上,印第安人不仅与美国白人主流社会相比,存在身体、语言、宗教、文化以及经济与社会发展阶段上的系统性差异,而且与美国其他大多数种族、族群相比,在很多方面也是独特的。他们是原住民,而不是普通意义上的移民;是有着自己独特传统、原先自治并希望继续自治、组织相对完整、居住集中的历史共同体,是少数民族,而不是碎片化、松散的族群。这种独特性既有助于解释为什么他们提出与众不同的诉求,也与美国建国以来各种不同印第安政策模式的成败利钝密切相关。

　　1824 年美国印第安人事务管理局的创立,虽然在相当程度上是对政策传统惯例的延续,而且是当时政坛权力斗争的一个副产品,但在更深层次上,则是美国与印第安人之间原先以无政府状态为主要特色的政治关系与互处模式逐渐难以为继,不得不适时改变的一种阶段性制度革新和过渡性制度安排。1849 年,该局由陆军部移转到内政部,既是上述趋势的继续,也表明矛盾在进一步深化。随后,发生了一场长达几十年的该局究竟应该隶属于内政部还是陆军部,甚或应单独成为一个联邦部门的激烈争论。辩论双方虽然在军事与和平政策孰先孰后、军人与文官谁来主导等问题上存在分歧,但在并用这两种政策、以推进印第安人"文明化"计划与内政化方向上,却没有实质性差异。争论最终以该局隶属于内政部为结局,这固然是美国强权政治与殖民主义的结果,但也是无政府状态无法有效解决同一地域下不同种族、族群的共处问题,因而必定走向终结的明证。

19世纪70年代至20世纪30年代的强制同化政策,是西部边疆开发殆尽的美国为彻底解决印第安人问题而采用的一种激进战略。它以取消部落主权、拆散保留地、瓦解部落、赋予印第安人公民权并改变其思想认同为手段,试图将印第安人改造为按白人方式生活、融入主流社会的单个美国公民。强制同化政策是否定种族、族群集体权利与不宽容异质文化的美国传统自由主义在印第安人事务中的运用与移植。它虽然在开启印第安人整体美国化与公民化进程上属于一种必然、务实的举措,并且在出台之初被白人社会普遍寄予厚望,但因其在道义原则上种族歧视的实质,在工具效应上不能替代民族融合所必需的长期过程,也无法使弱势民族在短期内顺利适应主流社会,在实施过程中又赋予支配群体一种不受限制的绝对权力,使其获得权力滥用的途径,鼓励其机会主义行为,所以在实施半个世纪之后惨遭失败而被废止。

强制同化政策的失败,制造了新的"印第安人问题"。与以往不同,在印第安人已经成为美国公民的背景下,新问题主要集中于他们的极端贫困化和全面边缘化。虽然常常被时人讥为"倒拨时钟",但以《印第安人重组法》为标志的印第安人新政仍采取了复兴并重建部落的主要对策。这样做固然由于时势的逼迫,更因为新政主导者约翰·科利尔试图以其基于对印第安人部落社群浪漫化的哲学,纠正美国自由主义社会使人原子化与异化的弊病。由于对部落的浪漫想象,新政得以指向美国传统自由主义不承认异质种族社会文化权利的症结,并提出文化多元主义予以治疗;但也正由于浪漫想象带来的僵化思维、工具化处理方式,使新政不能适应复杂、分化的现实,也未能从根本上走出同化主义,这就决定了新政效果的有限性。

在当代印第安人政策中,文化多元主义与印第安人美国化、公民化进程之间的关系,从 20 世纪 60 年代以来兴起的美国印第安人利益集团活动中,可以观察出其耐人寻味的一面。利益集团活动是美国主流社会一种通过自由结社影响政策以表达诉求、实现利益的政治机制。印第安人利益集团活动兴起于美国民权时代的一系列激进政治运动,随着美国对文化多样性宽容度的提高、泛印第安意识与运动的扩展、联邦资助机制的推出与改革及印第安人经济与社会的发展,随后又扩展于印第安人与官方的各种磋商、谈判之中。这种以特定种族、族群为背景的利益集团活动,不仅推动了美国由传统的政治、经济多元主义扩展为政治、经济、文化等各方面的多元主义,也将原本只是内在于美国政治与西方传统的多元主义也植入了印第安人当中,从而改变了印第安民族的状况与命运。与此相应,当代印第安人利益集团活动出现了多元化、去激进化、常态化等多种发展趋势,而且呈现出越来越强的主动性及与美国政府和主流社会的互动性;印第安民族的美国化与公民化进程也空前提速,甚至出现了某种族群化的迹象。

目 录

导论　从托克维尔预言的远见与失算说起

与其他所有国家不同的是,这个国家还须决定由什么来构成,这是美国独有的问题。

——埃里克·方纳①

美国的开国先辈认为,共和国政体要生存下去,就需要保持种族上和宗教上相对高度的单一性。

——塞缪尔·亨廷顿②

人们往往对《民主在美国》③(Démocratie en Amérique, 1835)一书中有关民主的论述印象深刻,却对它的种族问题观察不太注意。其实,正如托克维尔借"民主在美国"以思考民主的一般进程一样,在观察美国种族政治时,他也同样试图以此为例,总结出一些比较有普遍性的政治规律与经验。④而且,与托克维尔对于"民主在美国"不乏忧虑但总体乐观的态度相反,对于"种族政治在美国"的前景,他的判断却始终是沉痛而悲观的。在他看来,不光这块土地上的黑人和印第安人根本没有任何前途、希望可言,就是白人的美国,也迟早会为种族问题拖累,甚或坠入灾难的深渊。他怀疑人类政治智慧根本

---

① ［美］方纳著:《美国自由的故事》,王希译,商务印书馆,2002 年,第 149 页。

② ［美］亨廷顿:《我们是谁?——美国国家特性面临的挑战》,程克雄译,新华出版社,2005 年,第 47 页。

③ ［法］托克维尔:《论美国的民主》(上册),董果良译,商务印书馆,1988 年。正文中,除将书名按托克维尔原意改成"民主在美国"外,其余译文均引自此中译本。

④ 参见［法］托克维尔:《论美国的民主》(上册),董果良译,商务印书馆,1988 年,第 383、388 页。

就无法解决三个种族在美国如何共处的问题。这些判断本身足以说明问题的重要性。它是在危言耸听吗?

一、敌对与奴役的悲剧

在论述美国种族政治前,托克维尔开宗明义说:种族问题虽然关键,有研究的必要,但并非美国民主问题的组成部分。也就是说,他并不认为种族问题是美国的内政。①这当然可以理解为描述现状(当时黑人基本上是尚未解放的奴隶,北方自由黑人在数量和力量上微不足道,而且也不能算是真正的美国公民;印第安人整体开始美国化与公民化进程,更是几十年后的事情),但这显然不能说明所有的问题。因为托克维尔虽相信地理的原因使得美国境内三个完全不同的种族(知识、力量和生活享受上均占第一的欧洲白人,及其下的印第安人与黑人)不得不共处于同一块大陆,却并不认为印第安人与黑人天然就具备加入白人国家的资格与能力,成为美国公民。他强调说,三者虽为命运安排在一起,但并非一个整体,"教育、法律、血统、甚至外貌特征,在他们之间筑起了一道几乎无法逾越的屏障";在白人绝对优势统治下,印第安人和黑人虽然在族源、外貌、语言与民情上均不相同,但"他们的唯一相同之处,就是他们都不幸"。②

---

① 托克维尔对于美国种族政治的论述,主要集中于全书上卷最后一章("概述美国境内的三个种族的现况及其可能出现的未来"),他开篇时说:写到此处,自己为自己规定的主要任务(即对"民主在美国"的研究)已经完成,本可就此停笔;而种族问题虽与美国有关,却与民主无涉,对此自己也没有深入研究,因此前文一直将它暂时搁置;"但现在当我要结束本书的论述时,我应当回过头来谈一谈这些问题"——这样,便可"从另一个角度来研究居住在新大陆的人民"。见[法]托克维尔:《论美国的民主》(上册),董果良译,商务印书馆,1988年,第368页。

② [法]托克维尔:《论美国的民主》(上册),董果良译,商务印书馆,1988年,第369页。托克维尔还比较了欧洲与美国地面上的种族情况,指出欧洲人是同一种族的数个分支,美国大陆上却生活着三个种族。

印第安人的不幸,主要因为他们还在"未开化"的"野蛮状态"时,就迎面碰上了一个极其贪婪而在各方面都占优势的白人社会。他们有自己独立的语言、传统、记忆、血统与生产生活方式,并相信自己与白人虽非同类,却一样高贵,因此往往不屑于与之混同。但随着白人社会不断扩张,印第安人的种族的独特标志却日益遭到贬抑或打断;最后,连自己的生存都变成了严重的问题。从白人那里,他们知道并接受了火器、铁器、酒及机器纺织品,不过"在沾染上新的嗜好后,并没有学到满足这些嗜好的技术"①。要与白人交换这些商品,就只能寄希望于捕获更多的猎物。但是需要增加了,可供猎取的资源却在不断减少。美洲东部的飞禽走兽不怕原来部落的千把猎人,却经受不起新来的白人社会农场和工厂的惊扰。它们纷纷西迁退避,成为接下来也将面临同样命运的印第安人的前驱和榜样。狩猎民族的领地集体所有制及其边界、产权的不明确,使得白人很方便就能对其旧有生活手段进行加速剥夺。因为与白人相比,印第安人的原始弓箭抵不过精良武器,漫无纪律对付不了训练有素,自发的本能无法战胜老谋深算,所以根本无法较量,"在这场力量悬殊的斗争中,他们只能接连失败"②。东部印第安人在丧失生存依据后,由于饥饿与苦难的逼迫,只能放下安土重迁的本能,开始循着猎物逃跑的足迹寻找新的家园。这一结局自然为垂涎土地的白人所喜闻乐见;事实上,印第安人下定决心背井离乡,也正是在他们"一半说服和一半强迫之下"的结果。③联邦政府本来试图保护这些可怜的印第安人,但在贪婪的各州反对下,终因害怕联邦陷入危机而放弃了这一打算。后来,出于设法减轻印第安人痛苦的考量与名义,它又出钱让他们整体西迁,并许诺不再去打扰他们。

被迫迁徙带来的苦难本已不堪设想。到达目的地后,作为新来者,他们往往又被当地原有部落视为竞争对手。双方的冲突或战争,往往使迁徙者土

---

① [法]托克维尔:《论美国的民主》(上册),董果良译,商务印书馆,1988 年,第 375 页。

② 同上,第 372 页。

③ 同上,第 379 页。

崩瓦解、一蹶不振；即使侥幸得以存留，也逃不过很快就继他们西进的白人社会的冲击。后者扩张的速度过于迅猛，以致印第安人西迁安顿下来后，往往不到十年，就要再次经受侵扰，重演之前发生过的悲剧。在新英格兰，托克维尔发现，除了几个仅存的易洛魁人尚在以乞讨为生外，其余部落都已经不复存在了；他进而相信：一旦白人社会扩展到太平洋海岸，"那里的印第安人亦将不复存在"。这样的苦难无法挽救，"北美的印第安人注定要灭亡"①。

和印第安人不同，黑人的不幸，则主要因为他们绝大部分就是或是出身于奴隶。来自非洲的他们，已经不知道自己原来的祖国、语言、宗教与民情。但他们又不算是美国人，不能享受白人的权利，既没有任何个人的财产，连自己的身体也是主人的财产。奴隶主的安排决定着他们的命运。"暴力使他们变成了奴隶，而受人役使的习惯又使他们养成了奴隶的思想和一种奴隶的奢望。"沾染上奴性的他们，往往以卑躬屈膝羡慕、仿效压迫者为能事，并且以此为傲。一生中只学会万事均应服从的他们，反倒难以适应自由的生命状态了。这就是他们在获得解放后，也往往把独立视为比奴役还要沉重的枷锁的原因。"奴役使他们失去理性，放任自由使他们走向灭亡。"②

而奴役伤害的绝不只是奴隶的身体与心灵。对于奴隶主本人及其社会，它也是极其有害的。托克维尔发现，在美国，那些盛行蓄奴制的地区和几乎完全没有奴隶的地区相比，人口、财富与福利都要落后很多。他相信，这一差距正是奴隶制"致命的后果"③。这是因为：首先，奴隶制并不经济。奴隶主所使用的黑奴表面上无须像自由工人一样付酬，实际上为养活他们，支付的长期、零星成本累计起来，花费反而更高；而奴隶的劳动效率却不可能高于自由工人。其次，奴隶制还"触及奴隶主的心灵，特别是左右了他们的思想与爱

---

① [法]托克维尔：《论美国的民主》(上册)，董果良译，商务印书馆，1988年，第380页。

② 同上，第370页。

③ 同上，第402页。

好"。染上懒汉和贵族阶级的志趣与恶习的他们①，既不可能以劳动为荣，也没有以自己的聪明才智去提高工作效率与经营能力、创造更大财富的热情。最后，通过败坏劳动的声誉，奴隶制还有更坏的后果——一个将劳动和奴役混为一谈、充斥着视劳动为下贱之类偏见的社会，自然既不可能吸引外来的创业者，也无法挽留自己社会中那些真正有事业心的公民。这就是为什么北方早早废除奴隶制，而和南部相比，只有它才能顺利地生长出发达的航运业、制造业、铁路与运河的原因。就连南方奴隶主，也从比较中逐渐了解到这种政治经济学的正确，进而意识到奴隶制或许并不符合自身的长远利益。这使得先前只受道德谴责的奴隶制，现在越来越受到道德、利益的联合质疑与攻击。

但质疑与攻击却不能使南部奴隶制产生任何的松动。托克维尔观察到，虽然奴隶制"在经验的观照之下节节败退"，但南部奴隶制的残酷性却反而加剧了。这一结果首先来自一些自然原因（托克维尔并不认为它们具有足够的说服力），诸如黑人比欧洲人更适合在南部热带劳动，烟草、棉花尤其是甘蔗这些需要不断进行田间管理工作的南部作物使妇孺都能派上用场，因而与奴隶制更为相宜。此外，它还有一个"比其他一切理由都更加有力的"特殊理由：与北方黑人相比，南部奴隶的数量极其庞大，有些州甚至占到总人口比例的三成到五成以上。南部既不可能将如此之多的黑人像印第安人一样全部迁走，也因此而使自己缺乏对外来白人移民的吸引力，不能以此稀释黑人的比重。数量下面隐藏的严重危险，使南部即便有像北方各州一样废除奴隶制的想法，也不敢轻举妄动。因为自由的原则与思想具有传染性，如果逐步解放黑奴，就会刺激而不能阻止其他未被解放者的嫉妒与愤恨；而在全盘废除奴隶制后，将不可避免"在一个国家之中出现与白人几乎平等的庞大的自由黑人民族"，随着自由、觉悟、知识与能力的扩展，他们将意识到自己过

---

① ［法］托克维尔：《论美国的民主》（上册），董果良译，商务印书馆，1988年，第404~405、438页。

去与现在的不幸程度及其根源，并寻找根除不幸的办法……所以对北方奴隶主而言，奴隶制问题"只是一个商业和工业问题"；但对南方，"则是生死存亡的问题"。在那里，"自由的这个曙光一旦普照200多万黑人，压迫者必定发抖"！①

托克维尔相信，地理、自然与历史的原因使黑人与白人不得不共处于同一大陆，不可能完全分开，而法制尤其是民情的作用又使得他们之间不可能成功混合为一体（详见下节）。在这种情况下，随着黑人在南部的聚集与人口繁殖速度的超过白人，未来将迟早不可避免要在南方各州发生一场白人与黑人的严重冲突。美国可以推迟这场灾难的来临，但现在他们还没有消除造成灾难的根源。"它像一场恶梦，经常萦绕于美国人的脑际。"②担心、恐惧与防范的心理，使那些坦然承认奴役黑人为莫大罪恶的南方奴隶主也不得不承认，为了生存与生活，即便是罪恶，也得维持下去。正是由于这种残忍但符合人之常情的心理，使得现实中南方的奴隶制日益变本加厉。在那里，不仅各州对奴隶的立法越来越"具有一种史无前例的残酷性，简直是对人类法律的一种严重滥用"③，而且还发明了一整套将专制和暴力宿命论化、设法不让奴隶产生反抗思想的论调、办法与制度。黑人不许学习文化，不许与白人通婚。连奴隶主解放自己奴隶的权利，也被剥夺了。在人类罪恶的困境与阴影下，奴隶制像病毒一样获得了自我繁殖与生长的旺盛生命力。

作为南方贫弱罪魁祸首的奴隶制，在那里只会自我加强而不会被自行废除，这就将进一步强化南方在联邦中的弱者地位。托克维尔相信，贫弱者与富强者结成的联邦并不可靠；即便前者的贫弱与后者的富强之间并没有直接的因果关系，这样的联邦也不能持久。实际上，在美国，南部对于工商业发达的北部的依赖程度，远过于后者对前者。从实质利益看，南方人最需要

---

① ［法］托克维尔：《论美国的民主》（上册），董果良译，商务印书馆，1988年，第420、413~414页。

② 同上，第418页。

③ 同上，第421页。

维持联邦的完整；分裂与独立对他们损害最大。但是托克维尔说，对于联邦团结最具破坏性的，也正是南方各州。因为作为已然落后并将一再感觉失势的弱者，"它们在感情和欲望上所受的挫伤，要比在利益上受到的损失更大"。而在历史上，战争往往并非肇始于人们对于真正利益的关注：

> 弱者很少相信强者主张的正义和理由。因此，发展速度不如他州的州（美国南部——引者注），总以猜疑和忌妒的眼光看待得益于幸运的州（美国北部——引者注）。结果，在联邦的一部分地区表现的这种沉重的苦恼和莫名其妙的不安，便与另一部地区显示的惬意和自信形成了鲜明的对照。我认为，南方最近之所以采取敌对态度，其原因就在于此。……威胁美国的最大危险来自它的繁荣本身，因为繁荣会使联邦的某些州因自己的财富迅速增长而陶醉，并引起另些州对它们心怀忌妒和猜疑以及因自己的财富不断受到损失而觉得难堪。①

在这里，托克维尔虽非直截了当，却也相当明确地指出了奴隶制与美国南北力量失衡之间的联系，进而敏锐地捕捉到了内战爆发的风雨声。奴隶制不仅从根本上损害了从奴隶到奴隶主的精神与成就，对他们的国家或未来的共同体（尽管当时还不是一个真正的共同体），也将造成莫大伤害。

总之，在托克维尔笔下，美国境内三个不同种族之间的关系，不论是像白人对印第安人一样表现为对立，还是像白人对黑人一样表现为奴役，结局都注定是悲剧。弱势民族自然是最大的受害者，白人社会及其国家也将成为牺牲品——如果说人少力弱的印第安人尚不足以对之构成严重威胁的话，那么黑人及奴隶制就始终是其心腹大患。托克维尔甚至说："在威胁美国的未来一切灾难中，最可怕的灾难是黑人在这个国土上的出现。"②显然，白人

---

① ［法］托克维尔：《论美国的民主》（上册），董果良译，商务印书馆，1988 年，第 445~446 页。

② 同上，第 396 页。

的国家只对白人开放,完全排斥其他种族的加入,对于不得不解决三个种族共处问题的美国而言,并不是一个好的选择。

二、"两个完全自由的种族不能在同一政府下生活"

在发现关门主义必将以悲剧结局之后,托克维尔毫不犹豫就设想了另外一种可能性。那就是用白人的文化来改造其他弱势种族;同时,作为交换,白人的国家与主流社会也将打开大门,接纳"文明化"了的印第安人,以及从奴隶制的有形无形束缚中解放出来的黑人。尽管对于事实上美国会不会允许其他异质种族加入白人的国家、成为美国公民,托克维尔并不十分确定,但至少他已经在理论上将其视为严肃的问题加以思考了。当然,对此他同样给出了全然悲观的答案。

印第安人的整体美国化与公民化进程,始于 19 世纪末期。然而在托克维尔笔下,这一进程是否有效的问题,早已在先行一步开化的某些部落及部落成员那里就得到了确定的回答。

早期传教士们发现,要让漂泊流动性过强的狩猎民族接受基督教文明,一个前提就是要使他们习惯定居的农业生产生活。但是印第安人游牧的惯性与路径依赖,不仅使其内心只以打猎、打仗工作为傲,将劳作与手艺一概视为下贱;而且"一旦沉迷于猎人的到处游荡的冒险生活,就对农耕所需的经常而有规律的劳动,有一种几乎不可克服的厌恶感"。因此,本来缺乏接受基督教文明不可缺少的条件的他们,也很难"进入这个前奏"①。

美国南部有一些陷入白人社会包围、未被撵走的部落,迫于生存压力,按托克维尔的说法,在文明与死亡之间选择了前者。他们开始学习、模仿白人的生产、生活方式及政治组织(混血儿虽因数量少而影响甚微,但在其中

---

① [法]托克维尔:《论美国的民主》(上册),董果良译,商务印书馆,1988 年,第 381~382 页。

也发挥了重要作用),柴罗基部甚至"在全体还过着裸体生活的时候就出了一份报纸"①。这些成就说明,印第安人有能力"自己接受文明","但决不证明他们能够成功"。②托克维尔试图从更广阔的人类历史中寻找原理性的依据,来证实他的判断。他说:

> 印第安人之难于在接受文明化方面获得成功,来自一个他们无法摆脱的普遍原因。
>
> 仔细地阅读一下历史,就可以发现:一般说来,野蛮民族都是依靠自己的努力,逐渐地自行文明起来的。
>
> 当他们主动去从外族汲取文化知识时,他们在这个异族面前,总是处于征服者的地位,而不是处于被征服者的地位。
>
> 当被征服的民族是开化的民族,而进行征服的民族是半野蛮的民族时,比如像罗马帝国被北方民族入侵时,或像中国被蒙古人入侵时,胜利赋予蛮族的权力足以使他们达到文明人的水平,并能把他们的平等地位保持到文明人变成他们的对手的时候。一个凭借武力,另一个依靠智力。前者钦佩被征服者的学识和技术,后者羡慕征服者的权势。最后,野蛮人把开化人请进他们的宫殿,而开化人则对野蛮人开放他们的学校。但是,当拥有物质力量的一方也同时具有智力的优势时,则被征服的一方很少能够走向文明,他们不是后退便是灭亡。
>
> 总之,可以说野蛮人是手持武器去寻找知识,而不是凭自己的资质去接受知识。③

显然,这些印第安人的自行"文明化",始于他们没有任何力量优势,且

---

① [法]托克维尔:《论美国的民主》(上册),董果良译,商务印书馆,1988 年,第 384 页。

② 同上,第 380、385 页。

③ 同上,第 385 页。

总是屈辱地感觉到"学生被先生欺负"之时。当独立于美国社会时,他们贫穷而自尊;可一旦进入主流社会的阶梯,就自卑地发现自己居于最下层的处境,"因为他们在走进一个被知识和财富统治的社会时,自己既无知识又一文不名"①。在一个陌生而全新的环境里,他们原有的一切都变成了沉重的包袱。对他们来讲,要在文化转型与文化适应中学会新本领,也就更为困难而且费时更长。贸然闯入主流社会的结果,就是无论在生产、交换还是在日常竞争中,他们都注定要做白人的手下败将。武力没能使他们屈服,完全不对等的市场竞争却让他们彻底破了产。这些"刚刚走出野蛮民族的生活苦海"的人再次成为失败者,又陷入"走向开化的民族的更加悲痛的深渊"。②

难道这就是"文明化"的成果么?如果是,那么这些人将宁愿不要"文明化"。托克维尔观察到,"贫困曾促使这些不幸的印第安人走向了文明,而压迫现在又把他们赶回到野蛮",他们中许多人放弃半开垦的土地,重新恢复起原来的野蛮生活习惯。③历史开始了轮回。保持野蛮状态,就不能避免白人的驱赶和自己的灭亡;而进行自我开化,又要与比他们开化得多的人接触并竞争,最后仍然不能免于被压迫而彻底贫困、边缘化。这几个所谓文明部落进退失据的命运,昭示了他们的后来者在未来的不幸结局。总之,"无论从哪一方面去考察北美土著的命运,他们的灾难好像都是无法补救的"④。

黑人的情况,并不比印第安人好。南方奴隶制的正式废除,要等到南北战争;黑人全体在法律上成为美国公民,则在重建时期。但在托克维尔笔下,自由黑人在美国的命运,也早已在先行废奴的北方各州那里写得清清楚楚。这些黑人虽然早早得到解放,但他们并没有变得与白人更接近;相反,那里的种族偏见变本加厉,"在已经废除蓄奴制的州,反而比在尚保存蓄奴制的

---

① [法]托克维尔:《论美国的民主》(上册),董果良译,商务印书馆,1988 年,第 386 页。

② 同上,第 387 页。

③ 同上,第 390 页。

④ 同上,第 394 页。

州更强烈"①。

　　为什么产生这种奇怪的现象呢？为回答这个问题，托克维尔更明确地采用了他的政治社会学分析结构（上文可以看到，其实他在一再使用这种结构），从自然（地理、环境等）、法制（包括政策、制度等）与民情（即"人在一定的社会情况下拥有的理智资质和道德资质的总和"②）三个层次对现代奴隶制的后果进行了分析。自然原因决定了黑人要与白人同住在一块土地上，其命运"几乎总要与白人的命运交织在一起"，但黑奴制度却带来财富与法律的不平等，并且还"总是产生一种扎根于民情的想象的不平等"。这两个种族既不能完全分开，也不能完全结合。这种现代奴隶制和古代奴隶制不同，它"把蓄奴制的无形的和短期的压迫与种族差别的有形的和长期的压迫极其有害地结合在一起"，因此也就更难治愈。③在古代，奴隶与主人的差别只在于有无自由；现代，黑奴与主人的差别不仅在自由上，也在族源上。即使改革法制，使黑人获得自由，也无法让白人将他们看作自己人。英裔人的种族自豪感与他们身为美国人的自负结合在一起，更使其心目中的种族高下界限变得不可逾越。奴隶制使得民情中对于种族不平等的想象根深蒂固，以致废除奴隶制本身也无法将其改变。

　　或许出于身份平等乃大势所趋的信念，托克维尔丝毫也不怀疑法制终将改革、黑人一定会在政治上解放的必然性。他说："曾被基督教斥为不义和被政治经济学指为有害的而今仅存于地球上一角的蓄奴制，在现代的民主自由和文明中绝不是一种能够持久存在的制度。它不是将被奴隶所推翻，就是将被奴隶主所取消。"④但对这一天的到来，与其说他抱着乐观其成的态度，不如说是对此忧心忡忡、全面悲观。他相信，美国南部奴隶制的废除势在

①　[法]托克维尔：《论美国的民主》（上册），董果良译，商务印书馆，1988 年，第 399 页。

②　同上，第 354 页。

③　同上，第 396~398 页。

④　同上，第 423 页。

必行,但此后,要克服黑奴制度带来的最大困难,即改变民情、破除三个比奴隶制还要不好对付的顽固偏见(奴隶主的偏见、种族的偏见和肤色的偏见),则是完全不可能的。美国北部的经验证明,随着将两个种族隔开的法律屏障的消除,这方面的民情屏障不仅不会消除,反而会日益加高加厚。北方的法律允许种族通婚,但白人迫于舆论的压力,却不敢这样做;黑人依法也享有选举权,却因害怕受白人暴民攻击而不敢去投票;在学校、剧院、医院、教堂甚至于墓园中,种族隔离之严格,对待黑人之苛刻,甚至比仍然保存着奴隶制的南部还要过火:

> 在仍然保存蓄奴制的南方,黑人与白人的隔离还不如此严格。黑人有时还能与白人一起劳动和一起娱乐,白人也同意在一定范围内与黑人混在一起。立法对待黑人很严,但人们的习惯却有比较宽容和同情的精神。
>
> 在南方,奴隶主不怕把奴隶的能力提高到与自己相等的水平,因为他们知道,他们可以随意把奴隶投进垃圾堆里。在北方,白人虽然不再把自己与劣等种族之间的壁垒看得那样森严,但他们总是小心翼翼地避免同黑人接触,唯恐有一天会同黑人混为一体。
>
> 在南方的美国人中间,造物主有时收回它的权力,使白人与黑人之间暂时恢复平等。在北方,骄傲感已经达到使人不敢流露真实感情的地步。如果北方的立法者宣布黑人女人无权与白人男人同床共枕,北方的白人男人倒可能找一个黑人女人作为临时伴侣行乐;但在北方,法律允许她可以成为他的妻子,所以他出于一种害怕的心理而不敢接近她。
>
> 因此在美国,排斥黑人的偏见仿佛随着黑人不再是奴隶而加深,而日常生活中的不平等则随着法律废除不平等反而加强。①

---

① [法]托克维尔:《论美国的民主》(上册),董果良译,商务印书馆,1988年,第400~401页。

美国是一个民主国家,这就排除了出现一个强权铁腕人物将黑人与白人两个种族强行混合的可能性。同时,不受民情左右、坚持己见的政治家也只会越来越孤立。在这种处境下,北方自由黑人的命运与那些自行开化的印第安人毫无二致。"在远比他们有钱和有知识的白人中间,他们是半开化和没有权利的人。他们既是法律的肆虐对象,又受民情的排挤。"由于他们不能像土著民族一样拥有或声称某些原始权利,所以下场甚至会更为惨淡。①为进入那个"始终在排斥他们的社会,(黑人)做了许许多多徒劳无功的努力"②,但无论如何都无济于事。"那些希望有一天欧洲人会与黑人混为一体的人,是在异想天开。"③南部黑人在废除奴隶制后命运如何,已经清楚地写在这里。因为他们人数多、繁衍快、力量大,所以未来一定只会受到白人更苛酷的隔离与对待。种族冲突将不可避免,即便废除奴隶制,也不是"在南方各州推迟两个种族斗争的手段"④。

总之,"黑人希望同欧洲人混成为一体,但他们没有能够办到"⑤;印第安人在过去一定程度上能做到这一点而没做,等他们失势后主动或被动去这样做时,却已经为时甚晚,不可能再成功。无论白人与黑人,还是白人与印第安人,"大自然为了使两者接近而不断努力时,却使偏见和法制在两者之间所设的鸿沟更加触目了"⑥。托克维尔借用杰斐逊"更具有权威的想法",明确地宣示了自己的结论:"再没有什么东西比两个完全自由的种族不能在同一政府下生活写得更明确的了。性格、习惯和观点在两者之间划出了不可逾越的界限。"⑦

① [法]托克维尔:《论美国的民主》(上册),董果良译,商务印书馆,1988年,第409页。
② 同上,第371页。
③ 同上,第399页。
④ 同上,第419页。
⑤ 同上,第372页。
⑥ 同上,第374页。
⑦ 同上,第415页。

三、远见与失算

今天我们知道,托克维尔 1835 年对美国种族政治的一系列预言,绝大部分已经为历史所验证。他预见到了美国西进运动对于印第安人社会近乎毁灭性的打击;明确回答了美国强制同化印第安人(这是 19 世纪 70 年代至 20 世纪 30 年代的联邦政策)为什么会失败;提前捕捉到了美国内战的前兆及诱因(尽管尚不完整);还预告了黑人必将解放,但此后将遭遇更严厉的种族歧视与种族隔离;20 世纪 60 年代前后的美国民权运动虽不是托克维尔意义上的南部种族大冲突,但后者显然也在这场运动中扮演了举足轻重的角色。甚至在美国当今现实中,托克维尔的判断仍一再显示其旺盛的生命力。在法制层面,当今美国的印第安人与黑人政策早已远远超出托克维尔的预期和想象;但在民情层面,种族芥蒂的根源并未彻底消除,种族主义依旧阴魂不散。这就是为什么 20 世纪后期以来,虽然在美国朝野的联合作用下,政治上反对种族歧视与种族偏见的事业大有进步,但美国社会至今仍存在着各类种族问题,甚至种族骚乱还时有发生的原因。任何人,只要不存偏见,就不得不叹服于托克维尔非凡的预测能力。

托克维尔的远见,既来源于他对人类身份平等趋势的信念,也源于他自由主义者兼贵族思想家的身份、修养、胸怀与同情心。尤其是他独特高超的政治学分析框架,更使他超越了众多的地理、制度、国情或文化之类片面决定论者。托克维尔的美国种族政治观察,亦因之而显示出强大的普遍价值,具有历久弥新的时代意义。

即便如此,后来仍有诸多政策变化及新事物,为托克维尔所未及预料。他既没有想到美国后来会主动纠正对印第安人的强制同化政策,对之改行一种以尊重、复兴部落传统为基础的特殊美国化政策,甚至明文规定印第安人可以在美国政治框架内保持他们的文化特殊性;也没有料到后来黑人的民权运动会得到美国政府的积极响应（当然因为它在白人主流社会中获得了相应广泛的民情基础）；更不曾设想美国官方还会适时推出历史补偿、肯定性行动等办法，帮助种族之间进行和解与融合。20世纪尤其是下半叶以来，美国在种族、族群政治上的重大调整与巨大成就，不仅打破了托克维尔在处理美国种族政治上的固有、基本思路（要么关门主义；要么在白人同化政策的前提下共处），还使他的悲观预言基本破产。

与其远见相比，托克维尔出现失算的原因并不复杂，那是因为他的视野与想象受到了时代与环境的限制。

四、西方传统下的美国种族政治

对异质种族实行关门主义也好（白人国家只对白人开放），打开大门但预先对之予以同化也好（白人国家虽对其他种族开放，但其他种族必须主动或被动追随白人立国的文化及意识形态），其背后追求的是同一个目标——人民的同质化。这并不新鲜。长期以来，西方政治思想史上形成了一种以人民同质化的城邦作为政治理论建构基础与预设的传统。过去，大多数西方政治思想家在写作、讨论时，都将问题的情境假定或默认为一个理想化的城邦；在这个城邦里，公民同胞们（市民）有着共同的血统、语言与文化。即使生活在族裔、语言群体众多的帝国或国家里，理论家们也常常视若无睹，思考问题时仍将文化同质化的古希腊城邦作为政治共同体的理想模式或标准模式。因此，西方政治传统主流既没有充分关注种族与文化的多样性；即使有所关注，也往往对此缺乏应有的理解与尊重；更很少设想和讨论它们之间如何共处的政治艺术。

有人曾将传统西方政治思想史上如何应对种族与文化多样性的模式更

详细地分为三类：①以某一群体的优越论为基础的群体中心或族裔中心观。在亚里士多德《政治学》中，它表现为希腊人对野蛮人的统治；在基督教那里，又表现为基督徒与异教徒的对立；进入近代，又在欧洲中心论、雅利安种族神话以及其他种族主义或极端民族主义话语中频频出现。②以强调人类大同、轻视文化多样性为特征的形形色色的普世论。斯多噶派以世界国家与宇宙公民的主张，成为此种论说中最重要的先驱。其后，无论是从启蒙运动的世界主义，还是在冷战结束后的"历史终结论"中，都可以听到这种声音的回响。③还有一类学者承认地区或民族各有特性，但将这些特性及由其促成的文明多样性视为完全特殊的物理与地理环境产物（通常以"气候"一词指代），与文化无关。①这种观念在博丹等人的思想中曾一再出现，"自孟德斯鸠以来已成为陈词滥调"②。由此出发，既然文明是一个又一个局限于某一特定区域、自成系统、孤立封闭的现象，那考虑它们如何共处的艺术，也就不必要了。因此，无论哪一种模式，最终都排除了异质文化及文化群体共处于同一政治框架下的可能性，更不用说讨论提高相处的艺术了。

近代以来的诸多意识形态，鼓励了这一传统。首先，法国大革命后，经由国家主权学说与人民主权学说的结合，后人从中总结出一种所谓的"国族主义（nationalism）经典或古典理论"，还提纲挈领地将其概括为"一个人民，一个国族，一个国家"（one people, one nation, one state）的简明公式。③这不仅清楚地表达出近代民族国家（nation state）的基础就在于一个文化同质化的人民之信念，还赋予了将人民的同质化作为统一民族国家建构必要途径及目标的正当性。其次，还有自由主义政治思想的影响。自由主义的基础是个人

---

① Kenneth D. McRae, "The Plural Society and the Western Political Tradition", in *Canadian Journal of Political Science/Revue canadienne de science politique*, Vol.12, No.4 (Dec., 1979), p.685.

② [英]以赛亚·伯林：《启蒙的三个批评者》，马寅卯、郑想译，译林出版社，2014年，第182页。

③ 详见朱伦：《西方的"族体"概念系统——从"族群"概念在中国的应用错位说起》，《中国社会科学》2005年第4期，第89页；朱伦：《走出西方民族主义古典理论的误区》，《世界民族》2000年第2期；[英]海伍德著：《政治的意识形态》，陈思贤译，五南图书，2009年，第148~149页。

主义、平等主义,这就自然要与基于某一种族、文化群体的特定权利发生内在的冲突,甚至难于兼容。"由于(在自由主义中)个人有着根本的道德地位,并且由于个人应该作为平等的个体受到政府的平等尊重,故而自由主义者会要求每个个人都享有平等的权利和资格",这就"似乎没有给集体权利的观念留下任何空间"。因此,"在自由主义理论中,个体权利和集体权利不可能竞争同一道德空间"①。自由主义者常常相信,只要个体权利有了可靠的保障,再赋予某一种族、族群及其成员以其他特殊权利,也就成为不必要的了。②

　　这就是托克维尔在思考美国种族问题前后所面对并承继的西方政治传统。显然,对于不得不设法与其他异质种族共处于同一大陆的美国白人社会而言,此种传统所能提供的解决方案,只能是托克维尔所列的两类:要么关门主义,要么在同化前提下共处于同一政府。舍此之外,难作其他设想。

　　事实上,这两类办法,正是长期以来美国在处理种族和族群政治问题时的支配性思路。试看下面的历史例证:

　　1.关门主义的言行

　　1790 年美国归化法规定,只有"自由的白人"才能成为美国公民,而且归化前必须在美国居住两年以上。③

　　杰斐逊认为如果移民自己来美国,"他们就有资格享受一切公民权利"。但他和华盛顿一样,除认为有用的技术工人值得招徕外,其他移民并不值得鼓励。他怀疑移民给美国带来的好处(如增加人口),会被它带来的麻烦所抵销。因为"每一类政府都有它的特殊原则",美国政府是"英国宪法的最自由的原则,以及来源于自然权利和自然理性的其他原则的体现。没有比专制君

---

　　① 〔加拿大〕威尔·金里卡:《自由主义、社群与文化》,应奇、葛水林译,上海译文出版社,2005年,第 134~135 页。

　　② 〔加拿大〕威尔·金里卡:《多元文化的公民身份——一种自由主义的少数群体权利理论》,马莉、张昌耀译,中央民族大学出版社,2009 年,第 3 页。

　　③ 梁茂信:《美国移民政策研究》,东北师范大学出版社,1996 年,第 91~92 页。

主制的准则与它们更对立的了"。而移民多来自专制国家,他们"将随身带来他们与之告别的政府的原则,他们青年时代被灌输的原则";或者抛弃这些原则,由一个极端走向另一个极端,换之以无节制的自由。这些人将把他们的原则与语言传给他们的后代。"他们将与其人口成正比例地和我们共享立法。他们将把他们的精神注入立法中去,歪曲它的方向,并且使其成为一个驳杂的、无条理的和发狂的一堆文字。"①

杰斐逊一口咬定"种族的混合会导致人类的退化"②。

杰斐逊、麦迪逊、林肯都支持美国殖民协会将自由黑人迁移回非洲(或加勒比地区)的主张。作为迁移活动的成果,1821年在非洲建立了利比里亚移民区。1847年,利比里亚共和国成立。③

南北战争前,美国政府曾通过立法反对黑人与白人混血,禁止黑人学习文化,以阻止黑人融入主流社会。法律还规定除教堂外,一切形式的黑人协会都是非法的。④1857年最高法院首席法官坦尼宣称所有的黑人都是"一种从属的和劣等的生物",没有享受公民权与自由权的资格,因此不属于美国人民。⑤南北战争后解放黑人,但很快就建立了"隔离但平等"的所谓"吉姆·克劳系统"。

俄亥俄州过去不仅不准蓄奴,而且禁止已经解放的黑人入境。⑥

1882年"排华法案"规定停止华人移民十年,后来又无限期延长。1889

---

① [美]杰斐逊:《杰斐逊集》(上册),刘祚昌、邓红风译,生活·读书·新知三联书店,1993年,第224~225页。

② [德]尼科莱森:《杰弗逊》,张宇辉译,河北教育出版社,2001年,第57页。

③ [美]亨廷顿:《我们是谁?——美国国家特性面临的挑战》,程克雄译,新华出版社,2005年,第47页;[美]方纳:《美国自由的故事》,王希译,商务印书馆,2002年,第73、143页。

④ [加拿大]威尔·金里卡:《多元文化的公民身份——一种自由主义的少数群体权利理论》,马莉、张昌耀译,中央民族大学出版社,2009年,第35页。

⑤ [美]亨廷顿:《我们是谁?——美国国家特性面临的挑战》,程克雄译,新华出版社,2005年,第47页。

⑥ [法]托克维尔:《论美国的民主》(上册),董果良译,商务印书馆,1988年,第402页。

年最高法院裁定排华法案合宪,因为华人"不可能被同化",他们与当地居民"格格不入,单独群居,固守其本国风俗习惯";若不限制这种"东方人入侵",就会构成"对我们的文明的威胁"。1908 年,西奥多·罗斯福总统与日本达成君子协定,防止日本人移居美国。1917 年,国会通过法案禁止几乎所有亚洲人移居美国。同年,国会法案还通过对移民进行"文化测验",对东欧、南欧移民进行限制。①

1924 年,国会废除原来对欧洲移民几乎完全开放的传统,建立以原民族血统(国籍)为基础的配额制,以确保新移民后代的数量永远不超过旧移民的后代。②

2.同化前提下共处于同一政府的言行

殖民地时期就有了通过设置保留地或给个人分配土地以同化印第安人的设想与政策。③

1778 年美国与印第安人部落(特拉华部落)之间签订的第一个条约中,透露出明显的、将部落置于联邦之下的同化意图。该条约在重申友谊与和平的同时,不仅承诺为印第安人学会"文明"的技巧提供帮助,而且提出一种设立印第安州加入美国国会的可能。④但类似这种成立少数民族支配的州的建议,后来都因为白人的防范而无一实现。⑤

杰斐逊认为印第安人有着和白人一样的天然禀赋与自然权利,应对之实施教育与宗教劝导的人道政策,以使其从"野蛮状态"过渡到"文明开化状

---

① [美]亨廷顿:《我们是谁?——美国国家特性面临的挑战》,程克雄译,新华出版社,2005 年,第 48~49 页;梁茂信:《美国移民政策研究》,东北师范大学出版社,1996 年,第 4 页。

② [美]方纳:《美国自由的故事》,王希译,商务印书馆,2002 年,第 272 页。

③ [美]沃什伯恩:《美国印第安人》,陆毅译,商务印书馆,1997 年,第 246~247 页。

④ Frances Svensson, *The Ethnics in American Politics: American Indians*, Minneapolis, Minnesota: Burgess Publishing Company, 1973, p.15.

⑤ [加拿大]威尔·金里卡:《多元文化的公民身份——一种自由主义的少数群体权利理论》,马莉、张昌耀译,中央民族大学出版社,2009 年,第 41~43 页。

态",最后逐步进入主流社会,成为美利坚民族中的一部分。①他真诚地相信将印第安人同化于更高文明层次的美国社会,同时也符合印第安人自己的利益。于是他为官方没有鼓励两个种族通婚以促进同化而深感惋惜,希望印第安人自行放弃"可能会失败"的部落生活方式,改宗白人文明的生活方式,甚至提出可以考虑以武力和高压的方式来促进同化。②

建国初期,宾夕法尼亚州的联邦党人和反联邦党人都设法减少德裔人口在联邦政府中占有与他们在该州的人口比例(约占其总人口的三分之一)相称的代表人数。③宾州的德裔人还试图使德语成为与英语平起平坐的语言,最终因富兰克林等人的反对而流产。④

华盛顿 1794 年致信约翰·亚当斯,对整体迁移来美国,且"不懂我国语言的外籍人士能否使之同化"的问题发表看法。他说:"关于移民,我认为除有用的技术工人和一些特定的及有专长的人以外,其他无需鼓励。整批的移民(我是指整批地安置在一处),是否有利,作为一种政策是否合适,大可怀疑。因为迁移后,他们仍保留自己的语言、习惯、准则(或好或坏),但如与我们的人民杂居,他们及其后代将为我们的习惯、准则、法律所同化,简言之,很快即可成为一个民族。"⑤

1795 年国籍法将移民归化前的居住年限由两年延长为五年,而且规定

---

① Bernard W. Sheehan, *Seeds of Extinction: Jeffersonian Philanthropy and the American Indian*, NY: Norton & Co., 1973, pp.20–42; Wayne Moquin & Charles Van Doren, eds., *Great Documents in American Indian History*, New York: Praeger Publishers, 1973, p.107.

② [美]沃什伯恩:《美国印第安人》,陆毅译,商务印书馆,1997 年,第 104 页;[美]杰斐逊:《杰斐逊选集》,朱曾汶译,商务印书馆,1999 年,第 316 页;Francis Prucha, ed., *Documents of United States Indian Policy*, Lincoln: University of Nebraska, 1990, pp.22–23.

③ [美]戈登·S. 伍德:《美国革命的激进主义》,傅国英译,商务印书馆,2011 年,第 282 页。

④ [美]亨廷顿:《我们是谁?——美国国家特性面临的挑战》,程克雄译,新华出版社,2005 年,第 52 页。

⑤ [美]华盛顿:《华盛顿选集》,聂崇信、吕德本、熊希龄译,商务印书馆,1983 年,第 296~297 页。

移民必须终止对母国的忠诚,宣誓效忠美国政府,拥护美国宪法。①

杰斐逊认为移民应该"分散到本地人中间,以便更快结成一体",富兰克林也要求将移民"较均匀地分散到讲英语的人们当中,在他们现今太密集的地方建立英语学校"。②

门罗总统说,印第安人应该为具有更大能力的文明人让路,如果美国完全控制印第安人,那么就能更顺利地将他们由狩猎状态转向文明生活,被斩断部落纽带的印第安人个体也就容易获得美国公民的新品格。③

国会为防范国民的分裂,于1818年否决了在西北领地给爱尔兰移民划出专区的申请。按此思路,国会此后还要求一个地区只有在说英语的人占人口多数时,才能被接纳为美国的新州。④

约翰·昆西·亚当斯说,移民如果不喜欢美国,不适应美国的文化道德、政治伦理等等,就"可以回到他们来的地方去"。如要留下,则"必须脱下欧洲人的外衣,永远不再恢复它。他们必须向前看,替子孙们着想,而不是向后看,念着自己的祖宗;他们得确信,无论他们自己有什么想法,他们的孩子们将与美国的成见(prejudices)连为一体"⑤。

1829年,亚拉巴马州在克里克部落居住区设县,将印第安人置于欧洲裔美国行政官的管辖之下。1830年,密西西比州对巧克陶与契克索部落实行同化政策,宣布对带头反对这一政策的人处以一千美元的罚款与一年的徒刑。

---

① 梁茂信:《美国移民政策研究》,东北师范大学出版社,1996年,第91~92页。

② 转引自[美]亨廷顿:《我们是谁?——美国国家特性面临的挑战》,程克雄译,新华出版社,2005年,第161页。

③ Jack D. Forbes, ed., *The Indian in America's Past*, Englewood Gliffs, NJ: Prentice-hall, Inc., 1964, p.103;李剑鸣:《文化的边疆——美国印第安人与白人文化关系史论》,天津人民出版社,1994年,第220页。

④ [美]亨廷顿:《我们是谁?——美国国家特性面临的挑战》,程克雄译,新华出版社,2005年,第161页。

⑤ Milton M. Gordon, *Assimilation in American Life: The Role of Race, Religion, and National Origins*, NY: Oxford University Press, 1964, p.94.

与此同时,南部各州立法机构以各种措施,纷纷试图将境内的印第安人完全赶走。①

印第安人事务管理局成立于 1824 年,原来一直隶属于美国战争部。1849年,划归内政部。

19 世纪 30 年代至 50 年代,在自由知识分子的率领下,一些德国人因本国惨淡的政治气候而决定逃离。这些人迁移到美国后,仍旧保持着极其强烈的德国人自我意识。一些带头的人希望在美国联邦范围内创立一个完全由德国人组成的州,甚至还打算最终另立一个德意志国家(他们预测联邦一旦因奴隶制问题分崩离析,就会出现机会)。这种计划由于移民们自己的后代进入美国社会、被同化为美国人等原因而流产。但从美国的政治实践看,即便不如此,也不可能得到实现的机会。他们一直受到同化的压力,后来,不但德国人的文化飞地衰落,连德裔美国人社区,"也受到因一战产生的累积情绪的强烈、有力冲击",从此以后元气大伤、无法痊愈。②

西奥多·罗斯福说,美国是一个"旧世界的诸类种族正融合成一个新类型"的国家,这个"将所有新类型熔铸为一体"的熔炉,早在独立战争时就已成型,华盛顿时代的人们就已经确定了其民族性中的各种要素。③

这一系列言行告诉我们一个基本事实,那就是托克维尔设想并仅仅设想关门主义或在同化前提下实现各种族共处于同一政府之下这两类办法,既不意外,也不稀奇。这是在西方政治传统影响下必然而共同的产物;它们都有着一个共同的前提,而且为着实现一个共同的目标,即继续保持或重新塑造一个同质化的人民,进而为统一的民族-国家建构提供其认为的唯一稳固的基石。

---

① ［法］托克维尔:《论美国的民主》(上册),董果良译,商务印书馆,1988 年,第 390 页。

② Milton M. Gordon, *Assimilation in American Life:The Role of Race, Religion, and National Origins*, NY:Oxford University Press, 1964, pp.132–135.

③ Ibid., pp.121–122.

　　无疑,托克维尔深谙西方政治传统,并对这种传统下的法治、民情了如指掌。他相信法治可能会变,但不过是相信美国的关门主义会向同化前提下的种族共处转变而已。这一转变的幅度,既没有也不可能超出人民同质化的传统方案。更何况,他相信民情是横亘在不同种族之间最后的、永久的障碍。因此,最后他得出完全悲观的判断,实在是很自然的事情。

　　托克维尔的全面悲观,等于是对旧的西方政治传统在处理异质种族在同一政治框架下相处艺术上黔驴技穷、无能为力的变相承认。不过,西方传统变非一成不变,"种族政治在美国"各方面也在不断调整之中。20世纪尤其是下半叶以来,西方在种族与族群政治上的自我革新,不仅多少突破了原有的人民同质化思路,也证明了托克维尔预言的失误。除了人民同质化的方案,托克维尔不曾设想还有其他更多的可能性,也丝毫没有想到西方传统(以及相应的法治与民情)后来会产生如此大的变局。他不是一个固守传统、不知变通的思想家,但也没有办法跳出传统。

五、本书的研究对象

　　本书即试图以美国建国以来的印第安人政策为例,为美国如何迷信、运用旧的西方种族政治传统,到如何从中得到教训并适时作出调整、革新,再到当代有一些什么样的统一民族-国家建构新思路、新办法、新尝试,作一个概括性的考察和理论性的探讨。

　　之所以选择"美国印第安人政策史"这样一个案例,主要是出于以下考虑:

　　第一,在美国众多的种族与族群中选择美国印第安人①,是因为这个群

---

　　①　20世纪60年代民权运动时期,出现过好几种替代"美国印第安人"(American Indians)的称呼,影响最大的是"土著美国人"(Native Americans),但主要由于以下三个原因,这个名字并没有得到普遍的采用:第一,"Native American"这个词曾在19世纪末20世纪初美国本土主义运动中被用来指本土生的白人新教徒(以区别于其他种族、宗教背景和国家来源的新移民),当时甚至还成立了(转下页)

体明显的特殊性。历史上,印第安人与美国白人主流社会之间存在身体、语言、宗教、文化及经济、社会发展阶段上的系统性差异,他们之间还经常在利益、文明等各方面发生冲突,这是众所周知、不言自明的事实。而本书还将竭力证明,除此之外,印第安人与美国其他移民性群体(如果把黑人这种被迫的移民也算上的话,那么移民性群体就是美国种族与族群中的绝对主流)相比,也具有一系列明显的特殊性。这些特殊性可以用一句话来概括:印第安人是原先独立、组织相对完整、居住集中的少数民族(national minorities 甚至是 nations),而不是碎片化、松散的族群(ethnic groups)——至少最初是这样。如果说移民性群体尚不足以使美国成为一个名副其实的多民族国家的话,那么随着美国印第安人的加入,美国事实上已经成为一个货真价实的多民族国家(无论她自己是否认识到并承认这一点,并据此适时调整政策)。这种新的变化,不仅对美国处理种族与族群问题的政治智慧提出了新的挑战,同时也是对西方种族政治传统的人民同质化方案的严峻考验。正是因此,本书认为,从美国印第安人这样一个极端、特殊的群体入手,既能方便我们从统一多民族国家建构与治理的角度观察美国种族与族群政治、历史,也能由此更好地总结西方政治传统的成败,从中考察外来的经验、教训。

(接上页)了一个名为 Native American Party(本土美国人党)的政党。使用"土著美国人"(Native Americans)容易与之混淆。第二,任何一个在美国出生的人,均有可能自称或被称为一个 native American(本土生美国人)。这同样容易与"土著美国人"(Native Americans)混淆。第三,除印第安人外,美国还有其他土著民族(如夏威夷、关岛的土著民族),"土著美国人"(Native Americans)不能区别具体所指。See Paula D. McClain & Joseph Stewart Jr., *"Can We All Get Along?" Racial and Ethnic Minorities in American Politics*, Boulder, Colo.: Westview Press, 1995, p.6; Joyotpaul Chaudhuri, "American Indian Policy: An Overview", in Vine Delovia, Jr., ed., *American Indian Policy in the Twentieth Century*, Norman: University of Oklahoma Press, 1985, p.20. 另外,还有学者认为,使用"Native Americans"一词,容易使人误以为"土著美国人"是和美国其他族群(如"意大利裔美国人""波兰裔美国人")并列、类似并且同质化(homogenization)的族裔群体。See Judith Resnik, "Dependent Sovereigns: Indian Tribes, States, and the Federal Courts", *University of Chicago Law Review*, Vol.56, No.2(Spring, 1989), p.679. 因此,本书一般使用最广泛的代称,即"美国印第安人",只是在必要时才偶尔使用"土著美国人"之类新称呼。

第二，从诸多与美国印第安人相关的事务中选择以联邦印第安人政策为考察对象（当然也不可避免地会涉及不同政策模式下的印第安民族的反应与互动），原因主要在于这一政策在美国种族与族群政策各阶段的历史上都具有广泛的代表性和深刻的典型意义。这一点常常由于上述印第安人问题在美国种族与族群政治结构中的特殊性，以及当代美国对印第安人的某些新旧特殊政策安排而招致人们的误解。如国内个别学者断言美国印第安人政策在美国种族与族群政治中只是"有所例外"①；而美国当代的印第安人政策是"当年殖民主义、帝国主义的一个残迹，在今天严重地阻碍了印第安人进入现代美国社会"，因此不能认为是"处理少数民族的正面案例"②。本书的观点是：在美国种族与族群政治结构中，印第安人问题确有其特殊性；相应地，当代美国的印第安人政策亦往往有诸多特殊的安排；但是以历史的眼光看，美国印第安人政策却始终都绝非例外——如果说它今天确实具有某些特殊性的话，那么首先，这也是美国在几乎试遍各种政策模式后主动加被动选择的结果（甚至刚好是对当年殖民主义、帝国主义进行反思、纠正的结果）；其次，将它放在20世纪下半叶美国种族与族群政策调整的大环境下就会发现，这种特殊安排并不等于是例外（类似的思路也体现于美国对其他种族、族群的政策安排之中，只不过因为这些种族、族群的特性与诉求和美国印第安人在根本上相区别，才不需要采用同样尺度的特殊办法）；最后，由于它本身仍旧处于争议之中，所以并不是一种最终、固定的安排，而且它给当代印第安民族带来的新变化还进一步减弱了它本身的特殊性。

---

① 这方面最典型和最有名的论述可参见胡鞍钢、胡联合：《第二代民族政策：促进民族交融一体和繁荣一体》，《新疆师范大学学报》（哲学社会科学版），2011年第5期。

② 郑茜、牛志勇：《"'去政治化'和'文化化'的意思，就是要给少数民族更大的活动空间和更完整的公民权利！"——对话马戎教授》，原文发表于《中国民族》，2011年第9期，这里引的是修订稿，载马戎：《族群、民族与国家构建——当代中国民族问题》，社会科学文献出版社，2012年，第379~380页。类似观点见马戎：《美国的种族与少数民族问题》，《北京大学学报》（哲学社会科学版），1997年第1期。

真实的状况,就像不少学者所指出的,美国白人社会与印第安人之间的关系史"体现了种族关系的所有现象"①——从冲突、奴役、屠杀、驱逐、隔离、分层到融合、同化②,再到政治、经济、文化多元主义的理想与设计,在历史上均有突出的表现——而美国印第安人法律、政策也"相比于其他少数民族(minorities),更集中体现了美国政治态度的转折与变化"③。这种全面性与典型性,在美国对其他种族、族群的政策中是比较少见的。印第安人与美国白人主流社会之间的系统性差异,是放大并突出,而不是消灭或减弱了这种全面性与典型性。以它的历史作为案例,也就更容易达到我们由此考察美国种族与族群政策思路、模式变迁的目的。

第三,本书的研究对象虽然是美国种族与族群政治,但既不是一个"民族志"研究,也不是一个田野、社会调查报告或人类学研究,甚至也不是一个单纯的历史研究,而是一个立足于历史,通过考察不同政策模式提出背景、策略、实施、效果及其评价等,进而讨论或总结一些具有或比较具有普遍意义(包括正反两面)的概念、办法及规律的政治理论研究。和前面那些研究相比,这种政治理论模式研究的根本目的在于,提供某种简化但有助于人们更深刻、有效地认识、思考并交流的图画与范式。就像在绘制地图时理应按地图的不同性质与用途对相关信息有所选择、而一张有用的地图不必要也不可能将所有信息一网打尽一样,这种理论模式的研究"不需要,而且事实上

① 出自 Henry L. Tischler & Brewton Berry, *Race and Ethnic Relations* 第 13 章,中译节选本载马戎编:《西方民族社会学经典读本——种族与族群关系研究》,北京大学出版社,2010 年,第 54 页。

② 本书所用的"同化"一词与汉语语境下的贬义用法不同,它和英语中的 assimilation(《朗文当代英语词典》第四版将其解释为 the process of understanding and using new ideas; the process of becoming an accepted part of a country or group)一样,本身是个中性的词,依不同的前后缀而定为中性(如自然同化)、褒或贬义(如强制同化、同化主义)。

③ Joyotpaul Chaudhuri, "American Indian Policy: An Overview", in Vine Delovia, Jr., ed., *American Indian Policy in the Twentieth Century*, Norman: University of Oklahoma Press, 1985, p.15.

也决不可能解释它所面临的所有事实"①。说得更具体些,就是它对现实的简化,最终是为了更好地认清现实,以便达到如下目的:"①理顺和总结现实;②理解现象之间的因果关系;③预期,如果我们幸运的话,预测未来的发展;④从不重要的东西中区分出重要的东西;⑤弄清我们应当选择哪条道路来实现我们的目标。"②当然,和别的所有类型的研究一样,这样做也是有代价的。它将省略、模糊甚至歪曲一些它认为与主题无关或无足轻重的事物,有时还可能会妨碍人们认识一些突然、例外的情形(众所周知,对于人类社会而言,例外时有发生才不例外),而且在材料选择中也无法完全避免受到作者个人爱好、主观偏见及其他因素的干扰,因此研究的客观性将受到不同程度的影响。但即使这样,也不能否认政治理论模式研究的独特价值(就像其他性质的研究也自有其独特价值一样),也并不意味着此种类型的研究必然与历史的真实相悖,而是说它不能满足于真实的历史,要在具体、纷繁的历史事实当中抽出一些带有超越性、普遍性和规律性的东西,就像托克维尔试图做的那样。正是因此,本书在研究过程中,将根据需要对一些历史阶段、事实和细节进行必要的选择、忽略或简化。

　　出于这种考虑,本书首先选择了美国印第安人政策作为主要研究对象,而没有去追溯更为久远的历史(除非它牵涉到主要研究对象)。这样做的主要原因当然在于,建国以来,印第安人问题才逐渐变为美国的内政或准内政;印第安人的美国化与公民化进程,也始于此(均详见正文)。还有一个重要原因来自于本书的某些价值判断(也许是偏见),即在此之前,北美殖民者处理印第安人问题的诸种主要模式——如冲突、奴役、屠杀、驱逐、隔离等——今天几乎已经被公认为落伍、过时的办法及野蛮、残酷之行径,如没有更多的新见解或异议,重复进行理论探讨似乎没有多大必要。相关讨论早已连篇

---

① ［美］托马斯·库恩:《科学革命的结构》,金吾伦、胡新和译,北京大学出版社,2012年,第14页。

② ［美］亨廷顿:《文明的冲突》,周琪等译,新华出版社,2013年,第8~9页。

累牍,本书自然用不着再凑热闹。倒是印第安人开始美国化与公民化历程以来的历史,对于仍然肩负统一国族(nation)、国家建构重任的多民族国家而言,既仍有重大的理论、现实意义,相对来讲也还有更大的思考、讨论空间。

另外,即使对美国建国以来的印第安人政策,本书在研究时也没有采取事无具细、面面俱到的做法。它甚至对一些重要的历史阶段也进行了简化的处理(当然,这样做都是有理由的)。最典型的如对 20 世纪中叶的"终结"时期,这虽然也是美国印第安人政策的一个重要阶段,但因为本书认定它只是对过去错误做法的错误回潮(而且很快就为美国政府自行纠正),其本身并没有提供任何新的政策模式,因此在处理时也就仅仅注重它与前后历史阶段的因果联系,而在论述其自身时则尽量从简,没有设置专门的章节。

同时,为方便立论并突出表达中心的思想,本书还常常会忽略一些在其他学科看来是极其重要的事实,甚至是忽略一些与文中总结的结论、模式主流相悖的事实。这不是一种尽善尽美的做法,但显然也有其原因。在美国这样一个极其多元化的社会,出现一些与主流方向不相协调的嘈杂言行,乃是家常便饭,并非意外。只要它们没有妨碍到事物的基本面,我们就有理由在理论研究时将其视为次要、琐碎的事实而予以忽略。这样做并不是要否认这些事实的客观存在,而是为了更好地突出一些方向性、根本性的事实,以便于观点的表达与交流。当然,和托克维尔一样,本书最终也"真心希望做到这一点,绝没有硬要事实迁就观点,而是让观点以事实为依据"①。

六、文献综述

本书实际上是一部以美国印第安人政策为例观察、思考、讨论美利坚统一民族国家建构思路、模式的研究。因此,首先要注意的,便是与美利坚民

---

① [法]托克维尔:《论美国的民主》(上册),董果良译,商务印书馆,1988 年,第 17 页。

族-国家(Nation-State)建构尤其是美利坚国族(Nation)形成相关的文献；然后，才是与美国印第安人尤其是与美国印第安人政策的相关文献(由于有关印第安人及各阶段印第安人政策的文献将大量出现于正文，因此这里从略，只列重要文献)。下面是简单的综述①：

1.美利坚民族-国家建构尤其是美利坚国族形成的历史与理论

有关美利坚民族-国家建构史的全面而有影响的著作，出现得很晚。乔治·班克罗夫特(George Bancroft)10 卷本《合众国史》(*History of the United States of America,from the Discovery of the American Continent,1834—1874*)、亨利·亚当斯 (Henry Adams)《美国史》(*History of the United States During the Administrations of Thomas Jefferson and James Madison,1889—1891*)是早期研究典范。20 世纪以来，学界为此推出了多种模式。查尔斯·比尔德夫妇《美国文明的兴起》(1927)②等是进步主义解释的经典；丹尼尔·布尔斯廷"美国人三部曲"(1958、1965、1974)③是共识理论的名作；罗伯特·达尔(Robert Alan Dahl)《美国的多元主义民主》(*Pluralist Democracy in the United States:Conflict and Consent,1967*)等是多元主义范式的代表；塞缪尔·亨廷顿《失衡的承诺》(1981)④则从意识形态对美国政治史的巨大影响出发，提出了新的解释。近几十年来，与美利坚民族-国家建构相关的著作从质到量均有很大成就，但基本上仍是这几种模式的深化与扩展。如埃里克·方纳《美国自由的故事》(1998)⑤接近进步主义解释；塞缪尔·亨廷顿《我们是谁？——美国国族认同面临的

---

①　综述中的资料，凡了解到有中文版的一般以脚注列出中文版，无中译本的则在正文中列出作者及著作英文名，正文括号里的数字为该书出版年份。

②　[美]查尔斯·比尔德、玛丽·比尔德：《美国文明的兴起》，许亚芬、于干译，商务印书馆，2010 年。

③　[美]丹尼尔·布尔斯廷："美国人三部曲"(包括《美国人：殖民地历程》《美国人：建国的历程》《美国人：民主的历程》)，时殷弘等译，上海译文出版社，2012 年。

④　[美]亨廷顿：《失衡的承诺》，周端译，东方出版社，2005 年。

⑤　[美]埃里克·方纳：《美国自由的故事》，王希译，商务印书馆，2002 年。

挑战》(2004)①主张不仅要捍卫美国的意识形态,而且要进一步保护其文化基础的纯正性。

关于美利坚民族-国家建构模式及其民族主义性质,也出现了诸多解释。辛德(Louis L. Synder)《新民族主义》(*The New Nationalism*,1968)称美国为"国家-民族"(state-nation),认为其国族认同超越了种族界限,交由国民个人决定;相反,中东欧国家则是民族-国家(nation-state),其国族与种族认同一致。这与汉斯·科恩(Hans Kohn)《美国民族主义》(*American Nationalism*,1957)等常用的两分法有异曲同工之妙。里亚·格林菲尔德《民族主义:通往现代的五条道路》(1992)②虽然强调美国民族性重视意识形态、不依赖于族裔因素,但并未将其明确地划入某种民族主义类型。安东尼·史密斯《民族主义:理论、意识形态、历史》(2010)③以事实证明了所谓美国公民民族主义也有某些族裔民族主义的特色。威尔伯·泽林斯基(Wilbur Zelinsky)《国族入邦》(*Nation into State:The Shifting Symbolic Foundations of American Nationalism*,1988)试图从美国民族主义象征基础的变换中考察美利坚民族-国家建构的独特方式。

托马斯·索威尔《美国种族简史》(1981)④、罗瑟克等(Joseph S. Roucek & Bernard Eisenberg)编《美国族裔政治》(*America's Ethnic Politics*,1982)、约翰·布恩克等(John D. Buenker & Lorman A. Ratner)编《多元文化主义在美国:文化适应与族性的比较指南》(*Multiculturalism in the United States*,2005)分别从历史、政治、多元文化主义角度,对构成美国国族的各种族与族群均作了简单扼要的介绍。这些文献都有专文讨论美国印第安人。本涅斯(E. A. Benians)《美国的种族与国族》(*Race and Nation in the United States*,1946)、麦卡莱恩等(Paula D. McClain & Joseph Stewart Jr.)《"我们能欢聚一堂吗?"》——美国政治

① [美]亨廷顿:《我们是谁?——美国国家特性面临的挑战》,程克雄译,新华出版社,2005年。
② [美]格林菲尔德:《民族主义:走向现代的五条道路》,王春华等译,上海三联书店,2010年。
③ [英]安东尼·史密斯:《民族主义:理论、意识形态、历史》,叶江译,上海人民出版社,2011年。
④ [美]托马斯·索威尔:《美国种族简史》,沈宗美译,中信出版社,2011年。

中的少数种族与族群》(*"Can We All Get Along?" Racial and Ethnic Minorities in American Politics*,1995)等书则提供了一个不同的人民如何混合最终形成美国国族的历史概貌。洛恩德斯等(Joseph Lowndes,Julie Novkov,and Dorian T. Warren)编的《种族与美国政治发展》(*Race and American Political Development*,2008)收集了与书名一致的诸多论文。弥尔顿·戈登《美国生活中的同化》(1964)①归纳了美国三种同化理论:"对盎格鲁的依从"模式;"熔炉"模式;及由霍瑞斯·卡伦(Horace Kallen)《美国的文化与民主》(*Culture and Democracy in the United States*,1924)首创的文化多元主义模式(20 世纪 60 年代以来发展为多元文化主义)。近几十年来,最后一种模式争论最多。内森·格莱泽(Nathan Glazer)《我们现在都是多元文化主义者了》(*We Are All Multiculturalists Now*,1997)、威尔·金里卡《多元文化的公民身份》(1995)②等支持并论证多元文化主义;亨廷顿《我们是谁?——美国国族认同面临的挑战》(2004)、阿尔温·施密特(Alvin J. Schmidt)《多元文化主义的威胁:美国的特洛伊木马》(*The Menace of Multiculturalism:Trojan Horse in America*,1997)等则为批评者。

在汉语写作中,宁骚《民族与国家》(1995)③、黄绍湘著的美国通史④虽不是民族–国家建构史专著,但对此都有详细记述(以刘绪贻等总主编的六卷本美国史⑤为最)。陈建樾的《国家的建构过程与国族的整合历程》(2015)⑥以美国为例,探讨了现代国家建构与国族建构的历史过程。董小川的《美利坚民族认同问题探究》(2006)⑦认为美利坚民族是美国各种族在不断发展、融合及斗争中相互认同而形成的,其民族认同包括文化认同、种族认同、宗教信仰

---

① [美]米尔顿·M. 戈登:《美国生活中的同化》,马戎译,译林出版社,2015 年。

② [加]金里卡:《多元文化的公民身份》,马莉等译,中央民族大学出版社,2009 年。

③ 宁骚:《民族与国家》,北京大学出版社,1995 年。

④ 黄绍湘:《美国通史简编》,人民出版社,1979 年。

⑤ 刘绪贻等总主编:《美国通史》(6 卷本),人民出版社,2002 年。

⑥ 陈建樾:《国家的建构过程与国族的整合历程》,《世界民族》,2015 年第 1 期。

⑦ 董小川:《美利坚民族认同问题探究》,《东北师范大学学报》,2006 年第 1 期。

认同、思想认同四方面。任军锋的《地域本位与国族认同》(2004)①从美国如何克服地域本位的角度论述了美利坚国族共同体的形成,论证了美国从"民族国家"到"公民国家"的转换及其国族认同的现代建构。何顺果的《"Americans"的民族学意义》(2013)②考察了从 Settler(移民)-Americanizer(美洲化的人)-Americans(美利坚人)-People(民族)-Nation(民族或国家)的概念链,认为Americans 的诞生明显的民族学意义,是美利坚民族初步形成的标志。马戎的《理解民族关系的新思路——少数族群问题的"去政治化"》(2004)③及胡鞍钢、胡联合的《第二代民族政策:促进民族交融一体与繁荣一体》(2011)④,主张中国应学习美国的大熔炉模式。郝时远的《美国是中国解决民族问题的榜样吗?》(2012)⑤等文以历史事实和政治理论作了全面反驳。沈宗美《对美国主流文化的挑战》(1992)⑥、王希《多元文化主义的起源、实践与局限性》(2000)⑦等是讨论美国多元文化主义问题的代表作。郝时远的《民族认同危机还是民族主义宣示?——亨廷顿〈我们是谁〉一书中的族际政治理论困境》(2005)⑧对亨廷顿否定多元文化主义作了反批评。

2.关于美国印第安人的历史、文化、社会、经济尤其是政策

威尔科姆·沃什伯恩的《美国印第安人》(1975)⑨、哈甘(William T. Ha-

---

① 任军锋:《地域本位与国族认同》,天津人民出版社,2004 年。

② 何顺果:《"Americans"的民族学意义》,《读书》,2013 年第 2 期。

③ 马戎:《理解民族关系的新思路——少数族群问题的"去政治化"》,《北京大学学报》,2004 年第 6 期。

④ 胡鞍钢、胡联合:《第二代民族政策:促进民族交融一体与繁荣一体》,《新疆师范大学学报》(哲学社会科学版),2011 年第 5 期。

⑤ 郝时远:《美国是中国解决民族问题的榜样吗?》,《世界民族》,2012 年第 2 期。

⑥ 沈宗美:《对美国主流文化的挑战》,《美国研究》,1992 年第 3 期。

⑦ 王希:《多元文化主义的起源、实践与局限性》,《美国研究》,2000 年第 2 期。

⑧ 郝时远《民族认同危机还是民族主义宣示?——亨廷顿〈我们是谁〉一书中的族际政治理论困境》,《世界民族》,2005 年第 3 期。

⑨ [美]沃什伯恩:《美国印第安人》,陆毅译,商务印书馆,1997 年。

gan)的《美国印第安人》(*American Indians*,1979)、奥尔森与威尔逊(James S. Olson & Raymond Wilson)的《20世纪的土著美国人》(*Native Americans in the Twentieth Century*,1986)等以史书的形式提供了一个有关美国印第安人各方面的概览。露丝·本尼迪克特《文化模式》(1935)①建立在文化的心理学类型、文化整体论及有机文化观、文化相对论及其所隐含的文化决定论的框架上,而其立论则主要以作者对印第安人多年、扎实的人类学研究为基础。香槟(Duane Champagne)编的《北美土著人年表》(*Chronology of Native North American History*,1994)是一本详细的编年史。莫魁恩等(Wayne Moquin & Charles Van Doren)编的《美国印第安人史重要文献》(*Great Documents in American Indian History*,1973)、纳博科夫(Peter Nabokov)编的《土著美国人证言》(*Native American Testimony:A Chronicle of Indian-White Relations from Prophecy to the Present*,1492-1992,1991)、道森德(Camilla Townsend)编的《美国印第安人史:文献读本》(*American Indian History:A Documentary Reader*,2009)作为有关美国印第安人的文献汇编,极具参考价值。奥温等(Roger C. Oven,et al.)编的《北美印第安人:资料》(*The North American Indians:A Sourcebook*,1967)以论文集的形式对美国印第安人进行了多维的考察。像香槟(Duane Champagne)的《土著民族之间的社会变迁与文化继承性》(*Social Change and Cultural Continuity among Native Nations*,2007)、康与斯特朗(Sergei A. Kan & Pauline Turner Strong)编的《北美土著人最新剖析:文化、历史与表现》(*New Perspectives on Natives North America*,2006)等,从书名可知其内容。总之,有关美国印第安人历史、文化、社会及经济的文献极多,这里不再一一列举。

有关美国印第安人政策的文献同样很多,史蒂文·康奈尔(Stephen Cornell)《土著民族回归——美国印第安人政治复兴》(*The Return of the Native: American Indian Political Resurgence*,1988)、维尔京斯等(David E. Willkins &

---

① ［美］露丝·本尼迪克特:《文化模式》,王炜等译,生活·读书·新知三联书店,1988年。

Heidi K. Stark)《美国印第安人政治与美国政治系统》(*American Indian Politics and the American Political System*,2011)是其中佼佼者。前者将印第安人与欧洲裔美国人政治经济体系之间的磨合过程分为六个步骤：市场交换阶段(从印-白接触到 18 世纪下半叶)、冲突阶段(18 世纪下半叶到 19 世纪早期)、保留地阶段(19 世纪中晚期直到 20 世纪 30 年代)、《印第安人重组法》阶段(1934 年至 20 世纪 40 年代)、短暂的终结时期(20 世纪 40 年代到 1960 年左右)，以及从 20 世纪 60 年代某个时候开始的当代阶段。[1]后者则将美国印第安人政策分为更细的八个发展过程：主权国家对主权国家政策(18 世纪 70 年代至 19 世纪 20 年代)、迁移政策(19 世纪 30 年代至 50 年代)、保留地政策(19 世纪 50 年代至 90 年代)、同化政策(19 世纪 70 年代至 20 世纪 30 年代)、印第安人自治政策(20 世纪 30 年代至 50 年代)、终结(同化)政策(20 世纪 50 年代至 60 年代)、自决政策(20 世纪 60 年代至 1988)以及自决、自我管理政策(1988 年至今)。[2]另外，泰勒(Theodore W. Taylor)《美国印第安人政策》(American Indian Policy,1983) 是一本通论性质的著作。小德洛里亚(Vine Delovia,Jr.)编的《20 世纪美国印第安人政策》(American Indian Policy in the Twentieth Century,1985)收集了一批讨论各个政策阶段的论文力作。他和莱特尔(Vine Delovia,Jr. & Clifford M. Lytle)的《内部的民族：美国印第安人主权的过去与未来》(The Nations Within:The Past and Future of American Indian Sovereignty,1984)探讨了美国印第安人事务的一个核心问题——主权。普鲁查(Francis Prucha)编的《合众国印第安人政策文献》(Documents of United States Indian Policy,1990)收罗了有关印第安人政策的重要文献。

在汉语写作中，美国印第安人政治与政策的力作首推李剑鸣的《文化的

① Stephen Cornell, *The Return of the Native:American Indian Political Resurgence*,NY:Oxford University Press,1988,p.12.

② David E. Wilkins & Heidi K. Stark, *American Indian Politics and the American Political System*, Lanham,Maryland:Rowman & Littlefield Publishers,Inc.,2011,pp.123-124.

边疆——美国印第安人与白人文化关系史论》(1994年)。①它在作者系列论文②的基础上成书,实际上是一部以描述和评述美国白人对印第安人政治同化史为中心的著作。比较优秀的论文还有吴洪英《试论美国政府对印第安人政策的轨迹》(1995)③、胡锦山《二十世纪美国印第安人政策之演变与印第安人事务的发展》(2004)及《〈印第安人博彩业管制法〉及其对印第安部落地位的影响》(2013)④、杨恕等《美国印第安人保留地制度现状研究》(2007)⑤、丁见民《试论美国土著民族反对印第安人新政的原因》(2006)⑥等等。

七、本书结构

本书围绕美国建国以来的美国印第安人政策,论述了每个政策阶段的相关背景、目标、措施及其效果、评价,还试图从中抽出一些共同的主题与核心的问题,并作出自己的观察与评论。

导论部分首先通过对托克维尔论"种族政治在美国"的思想史分析,指出美国在处理种族与族群问题上的传统、既定思路,然后对全书的选题、内容、结构等作了必要而简明的介绍。实际上,读者可以看到,本书论述的印第安人政策史,正是一个美国由迷信而应用其传统、既定思路,到不得不根据新问题、新情况对之进行反思、调整、革新,最后相互适应的过程。

第一章介绍了印第安人问题在美国种族、族群政治结构中的特殊性。它

---

① 参见李剑鸣:《文化的边疆——美国印第安人与白人文化关系史论》,天津人民出版社,1994年。

② 包括《美国土著部落地位的演变与印第安人的公民权问题》,《美国研究》,1994年第2期;《美国印第安人保留地制度的形成与作用》,《历史研究》,1993年第2期;《文化接触与美国印第安人社会文化的变迁》,《中国社会科学》,1994年第3期。

③ 吴洪英:《试论美国政府对印第安人政策的轨迹》,《世界历史》,1995年第6期。

④ 胡锦山:《二十世纪美国印第安人政策之演变与印第安人事务的发展》,《世界民族》,2004年第2期;《〈印第安人博彩业管制法〉及其对印第安部落地位的影响》,《世界历史》,2013年第3期。

⑤ 杨恕、曾向红:《美国印第安人保留地制度现状研究》,《美国研究》,2007年第3期。

⑥ 丁见民:《试论美国土著民族反对印第安人新政的原因》,《世界历史》,2006年第6期。

主要通过比较印第安人与美国其他种族、族群,来指出其在特性、诉求上的不同。从本书后文中可以看到,是否认识、承认这一特殊性,是美国印第安人政策各种模式成败利钝的关键。

第二章以 1824 年美国印第安人事务管理局的创立,及其后归属发生移转并引发相关争论这一典型事件为例,讨论了美国建国前后直到 19 世纪 70 年代左右的印第安人政策。该局是在美国与印第安人之间原先以无政府状态为主要特色的政治关系与互处模式逐渐难以为继的背景下,出现的一种阶段性制度革新和过渡性制度安排。1849 年该局由陆军部移转到内政部,接下来还发生了一场长达几十年的该局究竟应该隶属于内政部还是陆军部,甚或应单独成为一个联邦部门的激烈争论。辩论最终以该局隶属于内政部为结局,这固然是美国强权政治与殖民主义的结果,但也是无政府状态无法有效解决同一地域下不同种族、族群的共处问题,因而必定走向终结的明证。

第三章讨论的是 19 世纪 70 年代至 20 世纪 30 年代初美国的联邦印第安人政策。这是印第安人开始系统美国化与公民化的第一个阶段。本章首先分析了印第安人美国化与公民化这一问题提出的历史背景,然后具体剖析了这一阶段的政策目标、措施、遭遇的困境及结果。它从统一民族–国家建构的角度,对美国将印第安人整体纳入美国化与公民化进程这样一种新思路与新尝试,作出了某种肯定(尽管美国的做法至今仍常常被人诟病为殖民主义、强权主义),但更注重指出这一阶段以强制同化为总体特色的政策模式具有一系列的弊病。正是因此,半个世纪后美国不得不对之予以放弃。

第四章的内容是 20 世纪 30 年代至 50 年代初的美国印第安人"新政"。这是印第安人开始系统美国化与公民化以来的第二个政策阶段。本章在讨论这一阶段政策时,不仅注重于分析它出台的政治背景,而且着重从政治思想史角度分析了新思路的来源。因为后者不仅与这一阶段政策的目标、措施、成效等都紧密相关,而且直接导致了"新政"推行过程中的种种难题、悖论。本章肯定了它的文化多元主义性质的新探索,但在很多方面也对之作了批评,甚至还指出它与紧随其后、同化主义回潮的终结政策(20 世纪 50 年代至 60 年代初)存在一定的因果联系。

第五章从 20 世纪 60 年代以来美国印第安人利益集团活动的兴起这一独特角度,对当代美国印第安人政策中的新办法、新思路及其效果、影响、趋势,进行了深入的政治观察与理论探讨。它惊奇地发现,不仅印第安人等种族集团的参与改变了美国传统的多元主义结构(由传统的政治、经济多元主义扩展为从政治、经济到文化等各方面的多元主义),而且原本只是内在于美国政治与西方传统的美国传统多元主义也扩展、植入到了印第安人当中,从而改变了印第安人的种族命运乃至种族本身,加快了他们的美国化与公民化进程。正是因此,本章将这一政策阶段称之为"多元主义秩序扩展的阶段",而不是像多数著作那样简单称其为文化多元主义阶段或自决、自治阶段。

结论部分对全书内容进行了简要的总结。

第一章 "印第安人是民族,不是族群"①
——美国印第安人问题的独特性

一种文化就像是一个人,是思想和行为的一个或多或少贯一的模式。每一种文化中都会形成一种并不必然是其他社会形态都有的独特的意图。

——露丝·本尼迪克特②

一、美国的例外?

大约20世纪60年代初,美国学者弥尔顿·戈登做了一个有趣的系列访谈。访谈对象共27名高阶官员,分别来自25个不同的美国组织。这是一些在群体内部集体生活及群际关系领域内的全国性机构, 各自专注或为某一种族、族裔或其他对象代言,大都赫赫有名。当然,为更好地反映美国实际,访谈名单经过了严格的筛选,它们包括:犹太人、天主教徒、群际组织各4个,黑人、新教徒、政府组织各3个,印第安人组织2个,日裔与意大利裔美国人组织各1个。通过访谈,戈登试图了解这些组织究竟费了多少力气,来关注"社会结构,有关'同化''整合'与'群体生活'的理论与范式,美国社会结构的性质与长期目标之类的问题"。

---

① David E. Wilkins & Heidi K. Stark, *American Indian Politics and the American Political System*, Lanham, Maryland : Rowman & Littlefield Publishers, Inc., 2011, p.33.

② [美]露丝·本尼迪克特:《文化模式》,王炜等译,生活·读书·新知三联书店,1988年,第48页。

结果不出戈登所料,对于诸如此类的问题,绝大部分组织(近 3/4)都严重缺乏关注,甚至丝毫不感兴趣。无论是对美国群体、集体生活的性质,还是对这个国家群体生活应有什么样更好的结构性目标, 以及对这个更好的社会结构目标理论进行深度意义解析,这些组织都没有清楚、系统地表明他们的原则与观察。在访谈中,官员们说自己面临的是"纷至沓来的日常、实际问题与决策,它们直接对应着那些公然的偏见、歧视行为,或群体中的当务之急";至于社会结构之类长时段事务,也就因此而被忽略或轻视了。这种现象与美国社会非专业公众与职业科学家中存在的情况是一致的。诚然,这些人都知道自己从事着反对种族、宗教和民族(nationality)偏见与歧视的工作,但"他们争取的是不论'种族、信仰或国家来源'的所有人在所有地方的机会均等",对族群结构及结构性相互关系等问题,他们不甚关注,也很少去深入探讨群际关系的社会结构目标。

不过当中有两个显然的例外:一个是印第安人,一个是犹太人。就印第安人组织来说,在所有访谈对象中,只有他们在慎思明辨与行为努力上最讲究集合,主张"让印第安人决定自己的事务",致力于维护印第安人的群体生活原则。他们"确确实实不得不关注社会结构事务,因其有着特定地域基础,而作为群体又与联邦有着条约关系的历史, 所以印第安人保留地的生活显然是集体性的。另外,印第安人是否应该坚持其集体社会、文化,还是应该消融于美国生活主流中的问题,也是政策辩论、个人关心与印第安人自我审视的一个独特焦点"①。同时,与美国其他大多数有关群际关系与群体生活组织不同的还有,对于解决美国生活中常见的那些种族、族群偏见与歧视问题,印第安人组织连很低程度的、边边角角的兴趣都没有。

显然,美国大多数该类组织都希望自己所专注或代言的种族、族裔群体

---

① See Milton M. Gordon, *Assimilation in American Life:The Role of Race,Religion,and National Origins*,NY:Oxford University Press,1964,pp.8–12.

能够更好、更快而没有痕迹地融入美国主流社会。因此,它们既没有特定种族、族群的集体权利观念,也不甚关心群体和群际结构的性质、长期目标及理论范式等问题。它们反对偏见与歧视,是希望美国政府及社会将他们的种族、族群成员视为普通意义上的美国公民,而不是当作不同的外人。对那些阻碍其融入主流社会的实际问题,他们解决、处理时所用的实用主义办法,也是美国式的。相比之下,印第安人组织最关心的却是印第安人(部落)作为一个集体的权利,重视的是结构性的问题,而对美国社会中司空见惯、以维护个体公民权利为目的的反偏见、反歧视行为,及美国式的实用主义办法,则明显缺乏兴趣。

不同的组织有不同的诉求,而且采用不同的解决办法,背后当然是因为它们各自所专注或代言的种族、族群有着不同的情况和需要。那么为什么美国印第安人会提出和美国其他种族、族群不同的诉求?是什么样的特殊性使然?对这种特殊的诉求,美国政府又如何应对?过去和现在的办法一样吗?与它应对其他种族、族群的方式有无区别?作为一个例外,印第安人问题的出现,会不会对惯用、通行的美国种族、族群政治模式构成挑战?如果是,那意味着什么?是改变印第安人以适应美国,还是改变美国以适应印第安人也成为美国人的现实?诸如此类的问题,正是本书试图回答的。下面,先从最基本的问题开始。

二、印第安人在美国种族、族群中的独特性

众所周知,历史上的印第安人与美国白人主流社会相比,不仅在身体特征上完全不同,而且在语言、宗教、文化上也存在系统性的差异。印第安人相信万物有灵、以因果报应为其法律的中心思想、坚持各自的部落认同与忠诚、

奉行部落成员共享与集体主义的精神、以亲属关系为其社会的构成基石。①这种传统与从 17—18 世纪美利坚早期定居者的盎格鲁–新教文化(内容包括"英语;基督教;宗教义务;英式法治理念,统治者责任理念和个人权利理念;对天主教持异议的新教的价值观,包括个人主义,工作道德,以及相信人有能力、有义务创建尘世天堂"等②)那里发展出来的所谓"美国信念"(包括"自由主义、个人主义、民主主义、平等主义"等③)之间,显然难以合拍。北美印第安人的传统与美国人继承的传统"看来几乎在任何方面都是截然相对的"④。

此外,两者在政治、社会发展阶段上也存在着根本的差异。下面这段话从侧面揭示了它们之中一个已经早早进入了复杂社会、陌生人社会,而另一个仍长期停留于简单社会和主要以血缘关系维系的熟人社会的事实:

> 将印第安人的统治方式与欧洲裔美国人的办法区分开来的最为深切、广远的因素,在于一个简单的事实:非印第安人倾向于将他们认为对政府的组织、运作至关重要的那些原则、程序形诸文字,记录在案;而与此同时,得益于其部落社会中宗教、文化、社会及经济的同质性,印第安人却没有将它们记录入档,以便将其政治体制正式定型的必要。复次,最少在美国经验中,公民权是将形形色色的人聚成一个相对同质的社会整体的工具,而为保持良好的公民权,政府的原则得家喻户晓,以便使这个社会的新来者可以按其规则、规定行事,大家安居乐业。但同时,在一个印第安人部落社会中,人只要一生下来就自动成为公民,并在其

①　参见[美]沃什伯恩:《美国印第安人》,陆毅译,商务印书馆,1997 年,第 19~74 页。

②　[美]亨廷顿:《我们是谁?——美国国家特性面临的挑战》,程克雄译,新华出版社,2005 年,第 2 页。

③　亨廷顿称其使用的所谓"美国信念",即指美国的"意识形态"。均见[美]亨廷顿:《失衡的承诺》,周端译,东方出版社,2005 年,第 4、17~18、27~28 页。

④　Vine Deloria, Jr. & Clifford M. Lytle, *The Nations Within: The Past and Future of American Indian Sovereignty*, NY: Pantheon Books, 1984, p.17.

成长过程中自然形成性向(purpose)与观念的同质性。习惯、仪式与传统是其生活的一个自然组成部分,个体在成长过程中将接受它们,这就消除了将印第安部落社会规则加以正式表达的必要性。①

因此,印第安人与美国白人主流社会之间,经常产生从观念、利益到文明的冲突,实在是在所难免。而和美国其他大多数种族、族群(包括最早的英裔人)相比,印第安人还最少在以下四个方面也是独一无二的。②这种独特性有助于解释为什么他们提出与众不同的诉求:

第一,印第安人是最早迁移到美洲大陆上的原住民,其他所有种族、族群在时间上都是晚到的。

这个事实最少产生了两个效果:首先,虽然英裔殖民者到北美后,不是加入已有的印第安人部落社会,而是建立了自己的定居者社会③,但由于印第安人对北美各种资源的先到先占,所以论抽象的自然权利,往往并不利于后来的英裔殖民者及由其主导建立的国家。当然,印第安人过去以游牧、捕捞和狩猎为主要生产方式,要清晰、具体划定其对土地等资源的产权归属与界限,并不容易;而群居、集体本位的生活方式,也使得印第安人部落不可能像个人主义社会一样产生保卫私有财产的机制;加上部落林立,相互之间往往语言不通、不相往来,甚至彼此仇视的历史现实,也让印第安人缺乏建立

---

① Vine Deloria, Jr. & Clifford M. Lytle, *The Nations Within: The Past and Future of American Indian Sovereignty*, New York: Pantheon Books, 1984, pp.17–18.

② 在美国,与印第安人情况类似的还有夏威夷、关岛的土著民族及波多黎各人等,但因其人口规模更小,所在地域过于狭窄、集中而单一,或情况太特殊,故本文暂予忽略,不列入讨论范围。

③ 与个体化的移民不同,殖民的本质特点在于其"目标是建立一个制度完整的社会"。见[加拿大]威尔·金里卡:《多元文化的公民身份——一种自由主义的少数群体权利理论》,马莉、张昌耀译,中央民族大学出版社,2009 年,第 21 页。亨廷顿也说:"定居者和移民有根本区别",是英裔人定居者"先创建了美国,然后移民才来到美国",所以美国是"移民之国"的说法既不完全真实,且有误导作用,它"忽视了美国起源于定居者社会这一基本事实"。见[美]亨廷顿:《我们是谁?——美国国家特性面临的挑战》,程克雄译,新华出版社,2005 年,第 34~41 页。

民族国家之类共同体用以自保的基础；更不用说他们与白人社会之间日益拉大的实力差距了……诸如此类的因素，都使得所谓土著人的权利在实际上大打折扣，乃至完全沦为虚话。不过，抽象权利并非毫无意义。尤其是晚近以来，随着舆论倾向于同情弱者，人们逐渐形成共识，几百年来对原住民造成严重伤害的殖民主义变成过街老鼠、声名狼藉，而印第安人的道义优势随之亦出现看涨的态势。①过去，就不断有印第安人部落依据继承权与最先占有权，向美国提出对某些区域土地等资源的权利申诉和请愿；②今天，通过追溯历史，他们对相关权利的重申还往往获得了良心与司法的肯定。③

其次，它也使得印第安人区别于英裔殖民者以外的其他移民性种族、族群。迫于各种原因，这些移民最后都加入或是被迫纳入了由英裔人主导建立的美国定居者社会，而不是相反（他们也没能另造一个新社会、新国家④）。所以无论是讲自然权利，还是论法理，他们不仅没有资格与英裔殖民者一争长短，更无法与印第安人比较。有学者以"第一有效定居理论"（即在一个新地

---

①　作为这种转变的风向标，1892 年哥伦布发现新大陆 400 周年时，出现了一系列规模盛大的纪念活动；而 1992 年 500 周年时，哥伦布却被描绘为卑鄙之徒，欧洲人被视为入侵者，无辜、快乐的土著则是牺牲品。见［美］戴维·兰德斯：《国富国穷》，门洪华等译，新华出版社，2001 年，第 83~84 页。

②　1829 年，切罗基部落提交给国会，要求保护其土地的请愿书，依据就是这种自然权利。而白人要使自己对印第安人土地的要求显得名正言顺，其关键也在于从理论上否定印第安人的这一权利。所以 1830 年以印第安人事务管理局名义提出的报告称："印第安人决没有权利因为他们祖先的占有而拥有产权和主权，这一主要原则我们从来没有公开或暗自放弃过。"均见［法］托克维尔：《论美国的民主》（上册），董果良译，商务印书馆，1988 年，第 393~395 页。

③　自从 1946 年《印第安人权利申诉委员会法案》（Indian Claims Commission Act of 1946）允许部落对美国过去的不公正与错误行为起诉以来，印第安人依据历史或法理为自己过去占有的土地等资源提出申诉，从而赢得官司并拿回土地尤其是得到补偿的事，时有发生。参见［美］沃什伯恩：《美国印第安人》，陆毅译，商务印书馆，1997 年，第 281~282 页；David E. Wilkins & Heidi K. Stark, *American Indian Politics and the American Political System*, Lanham, Maryland: Rowman & Littlefield Publishers, Inc., 2011, pp.xxi-xxii, 130–131.

④　早期有些德国、爱尔兰移民曾尝试在美国建立某种意义上文化独立与政治自治的飞地或州甚至是国家，但都失败了。

方,能有效建立一个"可以自行生长、自我延续的社会的首批定居者,无论其人数多少,其特性都将对该地其后的社会与文化地理起着决定性作用"①)支持英裔殖民者在后来移民面前的优势地位。但以此类推,又将如何看待印第安人呢? 因为生产生活方式的独特,印第安人自然谈不上在整个美洲都是"有效定居"。但就某些地域而言,他们确实是比英裔人还要早的首批定居者;而这些地方,现在却往往早已不在印第安人手里了。所以美国印第安人中较大的部落至今仍称 nation(国族),并时不时以先占者的资格提出各种政治、经济与文化诉求,加拿大印第安人则自称"第一民族"(first nations),这既是对事实的描述,也有在后来者面前再次申明权利的意思。在这方面,其他任何种族、族群都没有仿效的资格。

第二,其他大多数种族、族群一般都有主动融入美国主流社会或搭美国顺风车的意愿,他们希望美国像对待普通美国公民一样对待他们;而历史上大多数印第安人不仅缺乏融合意愿,也不希望被当作个体化的普通美国公民对待。

历史上,英裔殖民者以外的白人移民美国,绝大多数是自愿的选择。他们本身就有融入主流社会的强烈愿望;而由于种族、文化背景与身体外形等方面的接近,他们受到的排斥更少,融合也就相对容易些。②亚裔人与拉美裔人论种族、文化背景与外形均与白人有重大区别,但过去他们要么也想融入主流社会,要么是主动迁来,试图搭上美国的顺风车。即便是种族背景、身体外貌与白人差别最明显,而且是被迫拉到美国、大多数出身于奴隶的非洲裔(他们早就没有自己独立、系统的文化了),虽然长期受到排斥,但他们融入主流社会愿望之强烈,恐怕比任何人都更有过之而无不及。总之,这些种族、

---

① Wilbur Zelinsky, *The Cultural Geography of the United States*, Englewood Cliffs, NJ: Prentice Hall, 1992, pp.13–14.

② 当然,对来自北欧、西欧,与来自东欧、南欧的白人移民,美国是区别对待的。但东欧、南欧人受到的排斥和融入的难度毕竟无法同其他有色人种相提并论。

族群不仅不反对美国政府与主流社会将他们当作普通美国人一样的对待，反而会为没有得到这样的待遇而不满甚或抗争。[①]

这种情况很少见于印第安人当中。当然，部分印第安人自行脱离部落，到美国主流社会去发展、立足的现象，在他们作为一个整体尚未被正式承认为美国公民前，就一直存在。但这是极为偶然、罕见的事情。由于文化系统性差异造成的路径依赖，一般印第安人不仅缺乏适应美国个人主义社会的意愿，而且在适应能力上也是远远不够的（美国社会是否接纳他们尚在其次）。因此，绝大多数印第安人并没有脱离部落、成为美国人的意愿。而且白人社会越是扩张，他们感受到的压力越大，就越希望得到部落的保护，维持其共同体；即便后来不得已被并入美国，他们也试图寻求更大的自治权和自我管理权。

第三，其他大多数种族、族群到美国后，人员的分布状况往往是杂居、分散的；只有印第安人以不同的部落为单位，聚居于美国各地，至今其内部仍有很强的向心力。[②]

历史上，印第安人以外的其他种族、族群到美国后，往往以杂居、散落于美国主流社会为常态。出现这种状况的原因是多种多样的。很大程度上，这是由历史原因（如黑奴不得不依附各自的主人）或移民们的自愿造成的（适应、利用美洲大陆的特殊情况，更好地实现移民目的）；同时，也是联邦有意的分散政策的结果。建国初，华盛顿曾致信约翰·亚当斯，对那些整体迁移来美国且"不懂我国语言的外籍人士能否使之同化"的问题发表看法：

---

① 当然也存在少数例外，如上文注释中提到的某些德裔、爱尔兰裔。但和印第安人相比，他们的集体权利诉求与行动一般影响不大，而且受到强大的同化压力，甚至自行流产。See Milton M. Gordon, *Assimilation in American Life:The Role of Race, Religion, and National Origins*, NY:Oxford University Press, 1964, pp.132–135.非裔美国人由于环境逼迫后来也慢慢产生了集体权利意识，当代拉美裔同样有这种诉求，但本文是通过追溯历史来论述今天，故暂不考虑这些较晚出现的情况。

② 跨部落、更广泛的印第安人内部向心力体现于较晚出现的"泛印第安人"意识与运动之中，详见后文。

关于移民，我认为除有用的技术工人和一些特定的及有专长的人以外，其他无需鼓励。整批的移民（我是指整批地安置在一处），是否有利，作为一种政策是否合适，大可怀疑。因为迁移后，他们仍保留自己的语言、习惯、准则（或好或坏），但如与我们的人民杂居，他们及其后代将为我们的习惯、准则、法律所同化，简言之，很快即可成为一个民族。①

这种故意分散移民，以便更好更快同化之的思路，既是杰斐逊、富兰克林、亚当斯父子等政要的共同想法②，也成为联邦长期以来的真实政策。1818年国会便因此而否决了在西北领地给爱尔兰移民划出专区的申请。后来，国会还要求一个地区只有在说英语的人占多数时，才能被接纳为美国的新州。③内战前，一批德国移民试图单独建州甚至独立建国的设想，也因为美国主流社会的不断冲击而宣告破产，最后连他们的文化飞地也没能得到保全。④后来对黑人的隔离，也没有真正造成类似保留地那种特定种族与特定地域完全重合的政治、社会生态（况且隔离系统是以白人的控制为前提建立的）。分散，不仅成为同化的关键，而且也使得各种族、族群完全丧失了成为自治实体的依据，更不要说单独提出自己的国民认同了。

相比之下，"美国印第安人是美国唯一在法律上明确地给划分了地域的一个民族集团。他们可能曾因划分了地域而被排除在某些权利之外，但今天

---

① ［美］华盛顿：《华盛顿选集》，聂崇信、吕德本、熊希龄译，商务印书馆，1983 年，第 296~297 页。

② 参见 Milton M. Gordon, *Assimilation in American Life：The Role of Race, Religion, and National Origins*, NY：Oxford University Press, 1964, p.94；［美］亨廷顿：《我们是谁？——美国国家特性面临的挑战》，程克雄译，新华出版社，2005 年，第 161 页。

③ ［美］亨廷顿：《我们是谁？——美国国家特性面临的挑战》，程克雄译，新华出版社，2005 年，第 161 页。

④ Milton M. Gordon, *Assimilation in American Life：The Role of Race, Religion, and National Origins*, NY：Oxford University Press, 1964, pp.132–135.

却正是这些地域保护了他们的权利和利益"①。显然，这种权利与利益不只是经济上的，更是政治、文化上的。设立印第安人保留地的设想与做法，最早出现于殖民地时期；在19世纪30年代联邦迫使印第安人西迁20年之后，开始成为一种系统性的政治安排。这一制度的设立，常常也伴随着同化意图与行动，②而且后来还一直有人试图取消它。但是当初联邦迁移印第安人时作出的承诺，却是明明白白承认了印第安人从此既可以不受干扰地继续保留其原先的独立生存状态，也能永远地保有其大片土地的。③1871年前，美国与印第安人部落签订的近四百个条约，虽然绝大部分都是将领土割让给美国，但印第安人也得到回报——往往都是一系列赋予部落以特定领土权利的保证；这些保留地得到保护，不受非印第安人的侵犯。④所以印第安人的聚居状态与内部向心力，不仅来自他们的传统，追溯联邦政策，至少在名义上也是得到过肯定的。

第四，其他种族、族群既没有条件，通常也没有意愿在美国之外单独提出自己的国族认同或建立民族国家；而印第安人则在历史上长期独立于美国政治系统之外，维持着自己的主权与自治（至少名义上如此）。

建国初期，美国政府基本延续殖民地时期的惯例，承认各自为政的印第安人诸部落分别拥有类似于独立国家的主权，不仅较大的部落称为nation，而且还明确规定印第安人事务的管辖权属于联邦（而非各州），处理联邦与部落双边关系时，得如政府对政府一样采用签订条约的形式。华盛顿政府的

---

① ［美］N.格拉泽：《美国北方、南方和西方的民族集团》，唐裕生译，《民族译丛》，1983年第4期。

② ［美］沃什伯恩：《美国印第安人》，陆毅译，商务印书馆，1997年，第246~247页；李剑鸣：《美国印第安人保留地制度的形成与作用》，《历史研究》，1993年第2期。

③ ［法］托克维尔：《论美国的民主》（上册），董果良译，商务印书馆，1988年，第390~392页。

④ "伍斯特诉佐治亚州"（1832）一案中，最高法院也解释说："美国的条约与法律默认印第安人领土完全独立于合众国。"材料均见金里卡（Will Kymlicka）等人编制的《土著民族多元文化主义政策指标体系》中美国印第安人部分。Veldon Coburn, *Multiculruralism Policy Index: Indigenous Peoples*, *School of Policy Studies*, Queen's University at Kingston, Canada, 2011, p.51.

战争部长亨利·诺克斯说印第安人部落"应该被认为如外国一样,而非任何一州的臣民"[1],这样的言论不光很有代表性,并且有宪法的依据。[2]1812 年战争前后,印第安人还尝试以泛印第安人联盟的形式,独自建立统一的民族国家。可惜最后以失败告终。而随着美国势力日益成长壮大,印第安人独立建国的可能性从此也一去不复返了。19 世纪 30 年代,最高法院通过"切罗基族诉佐治亚州"(Cherokee Nation v. Georgia,1831)与"伍斯特诉佐治亚州"(Worcester v. Georgia,1832)两案,树立了处理印第安人事务的两条新原则:①印第安人部落不具有像外国一样的完全主权,它们是美国的"国内附属民族(domestic dependent nations)……他们与合众国的关系与被监护人与监护人类似";②印第安人部落仍然保留其原始自然权利,是独立、自治的政治团体,各州不得将司法管辖权延伸到印第安人领土范围内。这种裁决,是对部落原来享有的平等主权地位进行政治降格,但不是剥夺;它还重申印第安人不具备成为美国公民的资格,除非他们明确脱离部落。[3]

直到 1871 年,美国国会在给内政部(该部负责印第安人事务)的拨款法案中加入一条"附则":"今后,美国境内所有印第安人民族(nation)或部落,均不得被承认或认为是独立的民族(nation)、部落或国家(power),合众国不再与之以条约形式建立关系。"[4]这才在实质上否定了印第安人的部落主权,将

---

① Jack D. Forbes,ed.,*The Indian in America's Past*,*Englewood Gliffs*,NJ:Prentice-hall,Inc.,1964,p.99.

② 美国宪法和政治历史上对印第安人的忽视,See Judith Resnik,"Dependent Sovereigns:Indian Tribes,States,and the Federal Courts",in *University of Chicago Law Review*,Vol.56,No.2(Spring,1989):671-759.

③ Joseph S. Roucek & Bernard Eisenberg,eds.,*America's Ethnic Politics*,Westport,Connecticut:Greenwood Press,1982,p.50;Duane Champagne,ed.,*Chronology of Native North American History*,Detroit,MI:Gale Research Inc.,1994,pp.150,154;[美]亨廷顿:《我们是谁?——美国国家特性面临的挑战》,程克雄译,新华出版社,2005 年,第 47 页。

④ Jack D. Forbes,ed.,*The Indian in America's Past*,Englewood Gliffs,N. J.:Prentice-hall,Inc.,1964,p.112.

美国政府与部落的关系彻底转变为内政或准内政问题[1]，并开始对其实施长达半个多世纪的强制同化。不过，进入 20 世纪以后，白人社会及其政府逐渐认识到强制同化不仅无效，而且不义、有害。于是，印第安人部落的自治权与自我管理权又逐步得到承认和恢复。[2]这种在历史上享有主权，长期并至今自治的情况，在美国其他弱势种族、族群中，从来不曾有过。

总之，与其他种族、族群相比，印第安人是原住民，而不是普通意义上的移民；是原先自治并希望继续自治、组织相对完整、居住集中，有着独特语言、文化的历史共同体，是少数民族（national minority），而不是碎片化、松散的族群（ethnic group）。[3]其他大多数种族、族群在变成美国的一个组成部分之前，"由于他们在族类上缺乏集聚，故而不可能以定居美国领土为由提出其民族权利（national rights）"；最终，他们都"不要求以民族为界的政治（politics follow nationality），而要求不以民族为界的政治（politics be separated from nationality）"[4]。相反，讲究集合，提出民族集体权利要求，主张自治，将自己归

① Vine Delovia, Jr., "The Evolution of Federal Indian Policy Making", in Vine Delovia, Jr., ed., *American Indian Policy in the Twentieth Century*, Norman：University of Oklahoma Press, 1985, p.247.

② 如 1978 年，最高法院在"合众国诉惠勒"一案（United States v. Wheeler）中解释说：部落在欧洲人到来之前，就已经是一个自治政治体；而此后它们也未曾放弃完全的主权，包括未曾放弃在部落领土内保持法律传统的权力。见金里卡等人编制的《土著民族多元文化主义政策指标体系》中美国印第安人部分。See Veldon Coburn, *Multiculturalism Policy Index：Indigenous Peoples*, School of Policy Studies, Queen's University at Kingston, Canada, 2011, p.54.

③ ［加拿大］威尔·金里卡：《多元文化的公民身份——一种自由主义的少数群体权利理论》，马莉、张昌耀译，中央民族大学出版社，2009 年，第 13~15 页。有的书甚至说印第安人就是 nations，而不是 minorities。See David E. Wilkins & Heidi K. Stark, *American Indian Politics and the American Political System*, Lanham, Maryland：Rowman & Littlefield Publishers, Inc., 2011, pp.33~50.

④ Michael Walzer（ed.）, *The Politics of Ethnicity*, Cambridge, Mass.：Harvard University Press, 1982, pp.6~11；Michael Walzer, "States and Minorities", in C. Fried（ed.）, *Minorities：Community and Identity*, Berlin：Springer-Verlag, 1983, p.224；Nathan Glazer, *Ethnic Dilemmas：1964-1982*, Cambridge, Mass.：Harvard University Press, 1983, pp.276-283.

属的部落与美国主流社会在一定程度上分开，并且缺乏成为美国个体公民的意愿，既符合美国印第安人的历史与传统，也往往得到抽象权利与实际条件的支持。因此，本书提到的弥尔顿·戈登访谈结果显示，美国印第安人有着和其他种族、族群不一样的集体权利诉求，并不是什么奇怪的事。从这个角度讲，印第安人问题确实完全是美国种族、族群政治中的一个例外。

第二章 无政府状态的终结
——美国印第安人事务管理局的创立、移转及其归属权争议

一支能够很好地执行印第安人任务的部队，肯定要比现在搞的那些部队组织得更好。不过,论对野蛮人的影响之大,刺刀火药这些东西,终究不如细心的照料、善意而人道的对待……

——印第安人事务管理局局长梅尼朋尼①

一、管理局的创立及其背景

在美国印第安人政策史上,印第安人事务管理局(以下一般简称为"管理局")②占有独特而重要的位置。这不仅因为该局在美国印第安人事务上,曾长期"将带有行政、司法与立法性质的功能集于一身"③,也因为该局创立、变革的过程及其相关争论,本身就是一部跌宕起伏、内涵丰富的历史——它

---

① Curtis F. Jackson & Marcia J. Galli, *A History of the Bureau of Indian Affairs and Its Activities among Indians*, San Francisco, California: R& E Research Associates, Inc., 1977, p.56.

② 英文名为 Bureau of Indian Affairs,简称 BIA,历史上还有过 Office of Indian Affairs(印第安人事务办公室),the Indian office(印第安人办公室),the Indian department(印第安人部门),the Indian service(印第安人机构)等称呼。1947 年,该局按其刚创立时的叫法,正式定名为 Bureau of Indian Affairs。See Robert M. Kvasnicka & Herman J. Viola, eds., *The Commissioners of Indian Affairs, 1824–1977*, Lincoln: University of Nebraska Press, 1979, p.xv.

③ William A. Brophy & Sophie D. Abrele, compiled, *The Indian: America's Unfinished Business*, Norman: University of Oklahoma Press, 1966, p.119.

不但是观察两百年来美国印第安人政治命运与地位变迁的一个上好窗口，也是透视美国种族与族群政策思路变化与模式兴废的一个绝佳角度。遗憾的是，国内对于该局的专门研究（甚至是相关研究），却是非常罕见的。①这里不拟对该局历史进行大而全的介绍与研究，而是通过集中考察其早期历史，即从该局创立到稍后归属权发生移转的背景、过程及其后续争论，来探讨早期的美国与印第安人关系史及美国印第安人政策史。

印第安人事务管理局的历史始于 1824 年，为时任联邦陆军部长约翰·卡尔霍恩（John C. Calhoun）所创立，并隶属于陆军部。这一制度变动与安排，是综合因素作用的结果。

（一）印第安人事务管理局的设立与安排，相当程度上是对美国印第安人政策传统惯例的延续

建国初期，美国基本延续殖民地时期的惯例，承认各自为政的印第安人诸部落分别拥有近似于独立国家的主权。因此，不仅那些较大的部落仍旧称为 nation②，而且印第安人不是美国公民，也一再见之于正式的政治文件。1789 年，华盛顿政府的首任陆军部长亨利·诺克斯（Henry Knox）称：印第安人诸部落"应该被认为如外国（foreign nations）一样，而非任何一州的臣民（subjects）"③。这一表达，不光代表了当时美国人与印第安人之间的共识，也

---

① 笔者曾在中国知网上以"印第安人事务管理局""印第安人事务局""印第安人管理局""印第安人办公室"等多种名目进行篇名检索，结果均为 0。以上述名目进行全文检索时，虽然出现不少结果，但没有发现任何一篇文章对该局历史进行了专门、深入的研究。因此，具体到本文的研究对象——印第安人事务管理局早期史——也只是在下列文章中被偶尔、顺便提及：李胜凯：《早期美国政府对印第安人的政策初探》，《齐鲁学刊》1993 年第 1 期；吴洪英：《试论美国政府对印第安人政策的轨迹》，《世界历史》1995 年第 6 期；丁见民：《美国印第安人的土地私有化》，《史学月刊》2009 年第 7 期。

② 此词视情况可中译为"国族""民族"等。但美国印第安人部落之称 nation，不仅有其历史特殊性，而且内涵也往往随时代变化，故保留原文不译。

③ Jack D. Forbes, ed., *The Indian in American's Past*, Englewood Gliffs, NJ: Prentice-hall, Inc., 1964, p.99.

完全符合美国宪法。①

与此相应，印第安人事务的管辖权在于联邦，而不是各州，同样逐步得以明确；而在处理美国与诸部落之间关系时，得如政府对政府一样，采取平等谈判和签订条约的形式，也开始成为惯例。1775 年，第二届大陆会议按区域创立北部、中部和南部三个印第安人部门，对印第安人事务进行集中管辖。这些部门的主要职责，是"维持与印第安人之间的和平与友谊，制止各部落与为独立而战的诸殖民地的反对者们为伍"②。不久，邦联取代大陆会议。1784 年起，邦联议会将与印第安人谈判、签约的职责委任给当时的陆军部。1786 年《印第安人事务管理章程法》(Ordinance for the Regulation of Indian Affairs)不仅明文规定国会"具有专门而排他的权利及权力，管理贸易，并管理与不是任何一州成员的印第安人相关的一切事务……"，还正式承认"印第安人部门"(Indian Department，此时又被分为南北两区)的法定地位，并指定在日常事务上，该部门得对陆军部长负责。③ 1789 年联邦正式成立，印第安人事务管理权为新成立的陆军部所继承，由部长亨利·诺克斯负责。这样安排，起因在于"边疆上的很多印第安民族与英国或西班牙人结盟，抵制美国拓殖，(因此)陆军部被视为最适合处理与印第安人关系的部门"④。

可见，建国早期，印第安人及诸部落都不隶属于美国，印第安人事务也

---

① 印第安人的宪法地位变化，参见［美］卡尔威因、帕尔德森：《美国宪法释义》，徐卫东、吴新平译，华夏出版社，1989 年，第 53、88~91 页。另，美国宪法从一开始就将管辖与印第安人部落的贸易与管辖对外贸易和州际贸易并列，划为国会的权力范围。该条款"一直被扩大解释为授权国会在解决与印第安部落的特别问题上具有绝对权力(plenary power)"；自 1871 年国会宣布不再与印第安人签定条约以来，还"一直被看成联邦政府对印第安人事务行使管辖权的渊源"。详见该书第 88~89 页。

② Curtis F. Jackson & Marcia J. Galli, *A History of the Bureau of Indian Affairs and Its Activities among Indians*, San Francisco, California: R& E Research Associates, Inc., 1977, p.1.

③ Francis Prucha, ed., *Documents of United States Indian Policy*, Lincoln: University of Nebraska Press, 2000, p.8.

④ Duane Champagne, ed., *Chronology of Native North American History*, Detroit, MI: Gale Research Inc., 1994, p.111.

不是美国内政。美国与部落之间的政治关系,相当于主权国家对主权国家;由于两者之上没有更高的政府或权威,所以存在于他们之间的,实质上是一种无政府状态。①印第安人事务受联邦集中管辖并由陆军部负责,就是这一关系与状态的直接反映及表现。1824年成立了印第安人事务管理局,这固然预示着一种深刻的政策方向变革(详见后文),但在根本上,对之前确立的这些大框架、大格局,则是继承多于突破。

(二)印第安人事务管理局的设立与安排,也是当时美国政坛权力斗争的一个副产品

1812年战争结束以后十余年,杰斐逊派老共和党(即民主共和党)在美国国会取得绝对上风。他们反对联邦党人要求建立一个强大、积极的中央政府的做法,主张削减联邦政府的财政预算,尤其对陆军部巨大的职权与拨款多所非议。结果,该部下属的印第安人部门,不仅屡受攻击与限制,经费和雇员也遭到大量削减。而且由于时任众议院议长亨利·克莱(Henry Clay)及财政部长威廉·克劳福德(William H. Crawford)都把陆军部长卡尔霍恩视为1824年总统大选的有力竞争对手,所以在政见分歧之外,还加上了私人纠纷。从卡尔霍恩本人到由他掌管的陆军部,再到附属于该部的印第安人部门,都难免卷入权力斗争,被政敌用为削弱卡氏权势与威望的靶子。

卡尔霍恩的另一层压力,来自于当时美国国会及白人社会对所谓联邦货栈制度(Federal Factory System)越来越强烈的讨伐声音。正式建立于1796年的货栈制度,指的是一系列由联邦创建和资助、政府代理人经营,并由总

---

① 《独立宣言》(1776年)最初的重要用意,在于宣示美利坚民族(people)在"世界列国之林(Powers of the earth)"中拥有"独立、平等的地位"和主权。它显然将印第安人也划入了这些"列国",视为异族。因此,发布该宣言的大陆会议将印第安人中的易洛魁联盟六国(the Six Nations of the Iroquois Confederation)与大不列颠人民、爱尔兰人等并列为它的国书致书对象。参见[美]大卫·阿米蒂奇:《独立宣言:一种全球史》,孙岳译,商务印书馆,2014年,第19页。

统控制的印第安人贸易点（最终建了 28 个）。这是一种为纠正 1763 年以来，英、美政府仅仅向涉印第安白人私营贸易商颁发执照的老办法而采取的新举措。因为老办法已经跟不上白人社会的扩张步伐，暴露出越来越明显的缺陷——市场法则崇尚优胜劣汰，弱势的印第安人本来难以与强势的白人进行公平竞争；而且，由于缺乏集中的管理、合理的监督与约束，在无政府状态下，白人私营贸易商们"往往通过销售次品、不择手段（sharp）的贸易方式、供酒、卖枪，破坏印第安人与白人之间的和谐关系"①。作为改革，货栈制度强调联邦的介入，要求政府商人在购买印第安人毛皮货物时，得按足价付款，并禁售枪、酒，向印第安人出售商品时，还要物美价廉。这说明，该系统的创立，一方面固然因为印第安人是当时北美大陆上一支不可忽略的力量，所以美国不得不对之加以刻意安抚，以便"更好地控制印第安人，从英国人和西班牙人那里争抢生意，增进印第安人对合众国的友好情绪"②；但另一方面，也确实表现出美国试图以政府力量约束日趋强势的白人社会，从而对日渐弱势的印第安人进行人道主义照顾的良好意愿。

然而联邦货栈制度起到的作用非常有限。很快，它就沦为了白人社会（尤其是那些涉印第安私商）及国会的攻击对象；终其不到三十年的简短历程，都一直没能摆脱争议。美国毛皮公司的两名助理致信公司总裁约翰·艾斯特（John Jacob Astor），抱怨货栈制度"过于庞大，今后如若继续占有如此之多的资源，不出几年，将迫使私人竞争全盘溃退，而所有生意都将落入政府之手"③。这表明，反对货栈制度，首先是个利益问题。联邦政府对印第安贸易的积极干预，使得原本可以凭借其力量优势大肆图利的强势白人，变得无利

---

① James S. Olson, ed., *Encyclopedia of American Indian Civil Rights*, Westport, CT: Greenwood Press, 1997, p.188.

② William S. Belko, "John C. Calhoun and the Creation of the Bureau of Indian Affairs", in *The South Carolina Historical Magazine*, Vol.105, No.3(Jul., 2004), p.170.

③ Francis P. Prucha, *The Great Father: The United States Government and the American Indians*, Lincoln: University of Nebraska Press, 1984, pp.130–131.

可图。处于实力急剧扩张中的他们,自然反对联邦对印第安人的这种特殊照顾。所以艾斯特不仅极力向卡尔霍恩抱怨货栈制度使他们的公司损失惨重,还不断使力气游说国会反对这一系统。国会的意见直接或间接来自社会,所以对货栈制度,它几乎从来没有产生过好感。这不仅因为利益关系,还有政治理念和价值观的因素。反对货栈制度最为有力的密苏里州参议员托马斯·本顿(Thomas Hart Benton)说出了真相:在信奉自由竞争、不信任集权政府的美国白人社会那里,该系统提供的,等于是"联邦政府参与一切贸易行为均为不宜,政府的良好意图倾向于被滥用,而(由此造成的)印第安人事务管理漏洞则难于觉察与弥补的一个例证"。①他们最为关心的是切身利益以及以个人主义为核心的自由主义价值观的实现,而不是如何运用政府的力量,公正、人道地对待作为异族的印第安人。

相反,卡尔霍恩继承的,则是华盛顿、杰斐逊及诺克斯这些开国者们对待印第安人时(这些人又往往继承了殖民地时期的惯例)的和平、人道传统和所谓"文明化"思路。要之,他们虽然不承认印第安人是美国人,但主张美国应该公正、善意地对待印第安民族,尊重其领土、财产权益,保持相互和平与友谊;②虽然信奉美国的利益和理念至上(实质就是白人利益和理念至上,因为当时美国基本上是个白人国家),但主张人道、慈善地对待印第安人,反对白人社会无原则的扩张;虽然将印第安人贬为"野蛮人",但主张美国帮助其实现生产、生活方式的"文明化",反对残酷的剿杀、驱赶,甚至不排除"通过教育和宗教劝导把印第安人逐步变为美国民族整体的一部分"。③这就是联邦货栈制度出现于当时的大背景及主要原因。秉持同样的想法,卡尔霍恩

---

① William S. Belko, "John C. Calhoun and the Creation of the Bureau of Indian Affairs", in *The South Carolina Historical Magazine*, Vol.105, No.3(Jul., 2004), p.170.

② 集中体现于1787年《西北法令》(Northwest Ordinance)。See Francis Prucha, ed., *Documents of United States Indian Policy*, Lincoln: University of Nebraska Press, 2000, p.9.

③ [美]沃什伯恩:《美国印第安人》,陆毅译,商务印书馆,1997年,第179页。

不仅支持货栈制度,而且主张"印第安人事务应受联邦政府的严格控制,不能任由私人经营来处置"①。因为他相信,只有联邦政府集中、有效地管理印第安人事务,才有可能对急剧扩张的白人社会形成某种制约,避免后者出于自利而破坏对印第安人的和平、人道传统和所谓"文明化"思路。

卡尔霍恩式的思路显然不受当时白人主流社会的欢迎。因此,国会接二连三拒绝为货栈制度延长期限。1817年起,每次它都只批准该系统延期约一年的时间;而在批准时,支持者与反对者之间的辩论,也一次比一次激烈。1820年,美国毛皮公司一方干脆提出动议,要求全盘废止这一系统。最终,1822年,国会以压倒性优势宣布了货栈制度的关张。这一结果,对于卡尔霍恩来讲,一方面是个重大的打击和挫折,另一方面也是机遇。因为它无形之中大大加重了陆军部以及卡尔霍恩个人肩上的工作压力和责任,使得原本已经捉襟见肘的联邦印第安人事务管理,变得更加不能适应现实的需要。卡尔霍恩抓住了这个机会。他更进一步,径自在陆军部系统以内创立了更为强调集权、效率的印第安人事务管理局。这当然是他对上述各派反对力量的一种激烈回应,但更是为适应时代新要求的一种重大制度革新。

(三)在更深层次上,印第安人事务管理局的设立,是时代背景发生深刻变化,美国与印第安人之间原先以无政府状态为主要特色的政治关系与互处模式逐渐难以为继,不得不适时变化的一种阶段性制度革新和过渡性制度安排

上文说到,建国初期,美国与印第安人诸部落的关系,相当于主权国家

---

① William S. Belko, "John C. Calhoun and the Creation of the Bureau of Indian Affairs", in *The South Carolina Historical Magazine*, Vol.105, No.3(Jul., 2004), p.171. 在联邦工场系统屡受攻击的情况下,卡尔霍恩还曾设想过一种兼顾白人与印第安人利益的方案,如恢复、重建过去政府向涉印第安白人私商颁发执照等老办法,以便在"扶植适度合理的竞争"的同时,更好地通过"严格的政府监管,以免印第安人因其'无知和弱势'而受害于欺诈和暴行"。但这种折中方案仍旧遭到老共和党人和信仰市场自由的私营贸易商联合攻击,最终结果不尽如人意,因而更为加重了卡尔霍恩的挫折感,并促成了他的改革决心。细节详见该文第181~187页。

对主权国家;两者之间实质上是无政府状态。这种平等列国关系的存在,需要并受到一系列主客观条件的支撑与约束:首先当然是历史惯例——两者原本不是同族,从外貌特征、血统到语言、文化都全然不同,历史上也不存在相互统属的关系;其次是道德律令的制约,这种制约在实际权力与利益面前往往显得软弱无力,但在特定历史、政治环境下,也能起到一定的约束作用;再次,更重要的,恐怕是当时没有任何一方具备足够的能量,全部占据和控制北美广袤的地理空间,因此两者虽然共处于同一块大陆,但相当程度上仍然可以避免深度的相互交叉,土地、资源等方面的矛盾也还不至于激化,双方总较量尚未到时候[1];最后,在根本上,则是在政治、经济尤其是军事等方面的综合实力上,新生的美国与印第安部落间的大致平衡还没有被完全打破——美国的实力虽然蒸蒸日上,但当时还不足以完全控制其周边地区,打败各种异己势力;印第安人整体实力虽然不如白人,但他们有条件在列强之间纵横捭阖(当时英、法和西班牙在北美的势力仍然可观),增加自己的力量砝码。

然而到19世纪20年代,形势已经发生深刻变化:①独立后初步完成国家整合、开始步入工业化大潮的美国,与仍然四分五裂、基本维持旧的生产生活方式的印第安人部落之间,在综合实力上差距拉大,两者之间的相对平衡状态已经一去不复返。②1812年战争前后,特库姆塞(Tecumseh)兄弟等发起的印第安人联盟与民族主义运动遭遇重大挫折,北部印第安人对白人社会的武装反抗从此一蹶不振;同时,南部的反抗也被杰克逊将军击败,类似行动不再有成功的可能性。③1812年战争号称"第二次美国独立战争",欧洲列强在北美的力量由此逐渐式微,印第安人已经无法像从前一样在他们之间合纵连横;而美国从此也无必要如过去那样,为防止印第安人与外敌结盟

① 这一点和殖民地时期大英帝国的相关约束也有关系。英国1763年公告宣布,以阿巴拉契亚山为美利坚拓居地和印第安人永久性保留地之间的西部边界,以制止殖民地白人居民的扩张。参见[美]布尔斯廷:《美国人:建国的历程》,谢延光等译,上海译文出版社,2012年,第322页。

而对其刻意安抚。④在结束 1812 年战争的谈判中,英国在俄亥俄河上游建立一个独立的印第安人国家的设想, 遭到美方代表约翰·昆西·亚当斯的坚决反对。他攻击英国这一提议"无异于是对美国人口和居民点迅猛扩张的一种深入骨髓、耿耿于怀的嫉妒, 和一种妄图扼制其发展、阻止其成长的徒劳无能之举"①。⑤英美谈判双方还为印第安人部落的未来地位问题发生激烈争吵,美方已经坚持印第安人是美国的"臣民"(subjects),英方则认为部落是主权民族。双方最后在《根特条约》(Treaty of Ghent, 1814)中达成妥协,条约虽同意"按战前状况,恢复双边国界上诸部落的权利",但接受美国的要求,承认美国边界上的印第安人部落可与美国签约,且只能将土地卖予美国。②⑥影响最为深远的是,由于建国后美国的快速成长,东部印第安人部落固然逐个沦为强势的白人社会包围中的孤岛;随着美国国土面积自北向南、特别是自东向西的迅猛扩张,南部尤其是中西部的印第安人问题,也开始逐渐突显。在东部,美国和印第安人之间的政治、地理边界,再也难以像过去一样进行清晰的划分。双方已然无法避免形成永久性的深度交叉,甚至出现了"国中之国"的尴尬状况。对于急剧扩张的白人社会,受各种因素掣肘的美国联邦政府既不具备足够的能力进行有效的约束,其约束意愿也大打折扣。联邦货栈制度遭遇围攻并且最终废止,既是白人社会迅速扩张的象征与产物,也深刻地反映出美国与印第安人之间力量对比的消长变化(该系统废止的重要原因之一就是美国政府不再有拉拢印第安人的必要)。美国与印第安人之间原先的那种平等列国关系以及无政府状态,现在已经岌岌可危。在双方实力相差悬殊而又无法避免永久性交叉的情况下, 如何重新确定彼此之间的关系,变成当务之急。史学家特纳(Frederick J. Turner)曾引 1820 年官方报

①　Lynn Hudson Parsons, "'A Perpetual Harrow upon My Feelings':John Quincy Adams and the American Indian", in *The New England Quarterly*, Vol.46, No.3(Sep., 1973), p.344.

②　Duane Champagne, ed., *Chronology of Native North American History*, Detroit, MI:Gale Research Inc., 1994, pp.128–129.

告,深刻地指出了其时局面:由于美国的不断扩张,印第安人的土地已经被包囊于美国境内,"如何处理这些部落成为一个重大的政治问题"①。

陆军部原有的印第安人部门及其管理机制,基本上是为适应美国与印第安人之间旧的政治关系而设立的,所以其功能主要集中于战争与和平、结盟与反结盟、土地交易与其他通商事务等。新形势下,此类事务固然仍旧重要,但要么正在逐步退出主流,要么性质已然发生重大变化。在白人面前,印第安人已经"由对抗降级为屈服",再也不可能从根本上威胁美国,相反却成了"致使公众良心不安的道德负担"②,两者之间结盟的基础已经丧失,商务往来等在经济、政治上的重要性也空前下降。美国政府工作的重心,开始变为在维护白人社会利益的前提下,"倾向于越来越以人道主义关怀的色彩对待印第安人,希图以此保护他们免受狡猾商人使出的不公手段之害,并由此保证印第安人的安乐满足以及边疆的和平"③。这不仅使得印第安人事务范围的扩展、变化成为必然,而且使得美国政府为此肩负的民事责任越来越大,甚至有逐步超越军事职责之势。

与新形势的需要相比,旧的管理机制本已大为落后。另外,由于制度设计、权力斗争等原因,这种旧机制本身还带有职权分散、多头负责、效率低下的严重缺陷,"除陆军部以外,不时还有其他部门跑出来牵头管理印第安人事务,而最终责任却由陆军部来负"④。这种无序状态,不仅使得本已落后于时代的管理机制成效大减,也进一步加重了陆军部长的挫折感。因为屡屡产

---

① [美]特纳:《边疆在美国历史上的重要性》,载杨生茂编:《美国历史学家特纳及其学派》,商务印书馆,1984年,第9页。

② Leonard D. White, *The Jeffersonians: A Study in Administrative History, 1801-1829*, New York: Macmillan Company, 1951, p.496.

③ Francis Prucha, *American Indian Policy in the Formative Years*, Cambridge, Massachusetts: Harvard University Press, 1962, pp.66~67.

④ William S. Belko, "John C. Calhoun and the Creation of the Bureau of Indian Affairs", in *The South Carolina Historical Magazine*, Vol.105, No.3(Jul., 2004), p.175.印第安人事务管理机制缺陷更多的细节,参见该文第173~175页。

生不胜负荷之感,他一度向参议院报告:由于该部所属的印第安人部门"与
军事建制之管理殊无合理之关联",故"为公共利益计,有必要从陆军部长肩
上卸下更多的相关职责"。①不过当时联邦并不存在一个合适的接收印第安
人部门的行政机构。1816年,总统内阁一些成员还联名提议成立一个新的独
立部门——内政部(home department),以便将本国内务(印第安人事务即被
列为其中之一),全部包揽过去。可惜诸如此类的调整建议与尝试,当时并没
有得到国会和社会的足够支持。

然而改革已如箭在弦上。最终,它只能从陆军部内部寻求突破。1824年,
在没有国会授权的情况下,卡尔霍恩在陆军部内创立了印第安人事务管理局,
并设法将其朋友也是同道托马斯·麦肯尼(Thomas L. McKenney)任命为首任
长官(当时尚无正式官衔)。麦肯尼不仅是联邦货栈制度最重要的支持者,而
且坚决赞成由政府集中管理印第安人事务,同时管理机构内部则强调集权
与高效,以便更好地制约白人对印第安人的贪婪、不法行为,推进后者的"文
明化"与"教化"。他从卡尔霍恩那里收到公函,函中规定了他的基本职责:

> 掌管年金和当前的支出,以及所有经由向陆军部长申请而得以批
> 准的拨款令(warrants)的拨付事宜……按陆军部规定的办法,掌管为印
> 第安人文明化而设的基金之运营。同时负责审查由管理与印第安部落
> 往来之法律而引起的各种申诉,待审查且做好简报后,报告给部里,并
> 明确标示出是对之予以许可还是驳回的建议。②

管理局的创立,虽是自作主张的行为,不过其必要性却逐渐为国会所认

① Curtis F. Jackson & Marcia J. Galli, *A History of the Bureau of Indian Affairs and Its Activities among Indians*, San Francisco, California: R& E Research Associates, Inc., 1977, p.41.

② Francis Prucha, ed., *Documents of United States Indian Policy*, Lincoln: University of Nebraska Press, 2000, pp.37–38.

识并承认。因此,大约就在麦肯尼接受任命的同时,国会对在陆军部内成立一个管理印第安人事务的专门机构,也有所考虑。这一举措,一定程度上鼓励了卡尔霍恩和麦肯尼克服种种现实困难,大胆变革。经过一段时间反复,1832 年,国会终于开始正式任命印第安人事务管理局局长,并使其在陆军部内获得了相当的独立职权。紧接着,国会印第安人事务委员会对印第安人管理部门的功能、工作与组织机构进行了深度调查。他们虽发现该部门的扩张"基本上都是行政任命力量的结果,而不是来源于已有建制中的某个法案,其增长扩充也没有得到后续立法的确认"①,但还是承认:这种状况的出现,既来自于也相对符合现实的需要。因此,委员会建议国会采取赋予管理局合法地位等一系列改革措施。这些建议大都得到采纳。1834 年,国会的一项法令不仅确认了管理局的官方地位及合法权力,清理了过去管理上的混乱与职责上的含糊,还最终建立了该局的基本行政层级,即从局长(总负责人)、监管(superintends,主管大区)到事务官及其副官(agents and subagents,主管具体某个部落或群体)的三级管理体制。

作为一个新成立的管理机构,管理局继承了美国印第安人政策的诸多惯例,但对之进行了一系列顺应时势的改革:它没有从根本上改变美国与印第安人之间原有的 nation 对 nations 关系,但显然已经将印第安部落定位为国内附属的、而非外在的 nations,事实上,最高法院 1831 年已经裁决印第安部落不是宪法中所指的"外国"(foreign nations),而是美国的"国内附属民族(domestic dependent nations)……他们与合众国的关系与被监护人与监护人类似"②;它不光延续了过去由联邦集中管理印第安人事务的传统,而且更为

① Curtis F. Jackson & Marcia J. Galli, *A History of the Bureau of Indian Affairs and Its Activities among Indians*, San Francisco, California: R& E Research Associates, Inc., 1977, p.49.

② Joseph S. Roucek & Bernard Eisenberg, eds., *American's Ethnic Politics*, Westport, Connecticut: Greenwood Press, 1982, p.50; Duane Champagne, ed., *Chronology of Native North American History*, Detroit, MI: Gale Research Inc., 1994, pp.150, 154.

强调集权、高效的原则,规模、编制一再增加①,以满足印第安人事务本身特殊而又不断扩展、变化的需要;它在对待印第安人时也没有彻底改变以往的对待"异族"的思维,所以与其前身一样,仍旧将建制保留在国防、军事部门下面,但其主要职责已经不像以前一样只是侧重于防范、控制和拉拢印第安人,而是同时带有浓厚的民事性质和明显的内政化趋势。因此,管理局创立并由开始的私下行为获得国家承认,变成正式建制,及其诸多深刻影响和预示下一步政策变革方向的职能调整,虽说谈不上是对原先政策框架的根本突破,但已经可以说是一种阶段性的制度革新和过渡性的制度安排。

二、管理局的移转及其后续的归属权争议

联邦货栈制度的出现及其命运浮沉,管理局的创立及其过程的曲折,反映出美国事实上无法避免与印第安人在同一地理空间交叉共处, 但心理上却极不情愿接纳印第安人加入美国的矛盾处境。19 世纪 30 年代,杰克逊政府还尝试使用大规模的迁移政策,即半劝诱、半强制性地将东部那些陷入白人社会包围中的印第安人,按部落集体迁往尚未被白人占领的西部,来彻底解决这一矛盾(当然同时也为满足东部白人对于土地的贪欲)。然而这一政策并未起到预计的效果。因为随着美国爆炸性的扩张,白人潮水般西进,西部很快成为白人的天下,就像在东部曾经发生过的一样,这里的印第安人最终也无法避免为强势的白人社会所包围、控制的命运。19 世纪 40 年代以前"美国政策的主导思想",即"把白人和红种印第安人永久(或者至少是潜在

---

① 1824 年管理局刚成立时,连麦肯尼在内,该局全体工作人员共三名。1852 年,该局雇员总数达 108 人。1872 年,雇员已经数以千计,其中 987 人受雇参加田野工作(有医生、教师、农夫、铁匠、木匠、碾磨工、鞋匠、赶畜员、军械工人、造车匠、制犁匠等多达 21 个工种)。1888 年的时候,雇员数字更是高达 1725 人。See Theodore W. Taylor, *The Bureau of Indian Affairs*, Boulder, Colorado: Westview Press, 1984, p.35.

地)分开"的办法,不得不宣告破产。①迁移,最终扮演的只是美国印第安人政策史上的一个插曲,其结果不过是在使印第安人成为白人实力优势和经济贪婪的牺牲品上,稍微拖延些时间而已。从此,印第安人无法不彻底受制于美国的强权,而美国也不得不接受将与印第安人长期共处的事实;双方都不情愿,现实却日益迫使他们成为一体。

这就是诞生于争议之中的管理局在获得联邦正式承认之后,很快就面临的另外一个大变局。虽然西部印第安人针对美国的武装反抗在增加,双方的对抗在升级,但随着印第安人不再像过去一样主要被定位为外在于美国的劲敌,管理局在政治身份、职能定位上越来越显得尴尬。作为"民事雇员",该局再由国防、军事部门(陆军部)进行主管,于情于理已经多有不合;只是由于"官僚体制的惰性,以及国会强烈反对政府的行政分支通过创立一个新部门、任命一个新的内阁长官而扩张其规模"等原因,才一直维持这种不合时宜的体制。②这也是总统内阁成员们1816年提议遭到否决的主要原因。当时时机的确不够成熟。等到迁移政策迅速失效,美国与印第安人相互交叉、永久共处已成定局,管理局的归属权问题就变得尖锐起来了。1848年,波尔克总统内阁的一位部长说:

> 如今印第安人事务管理局局长肩负的责任极为繁复、艰巨无比,并且,由于散布在得克萨斯、俄勒冈、新墨西哥及加利福尼亚的部落为数甚多,而在这许多部落中,基督教信仰、知识以及文明又在非比寻常地扩展,所以局长的责任还将势必大增。与这些职责存在必然相关性的,不是战争,相反,是和平,是我们与那些部落之间的内政关系(domestic

① [美]沃什伯恩:《美国印第安人》,陆毅译,商务印书馆,1997年,第184页。

② Francis P. Prucha, *The Great Father: The United States Government and the American Indians*, Lincoln: University of Nebraska Press, 1984, p.320.

relations）……因此，应当将这个极其重要的机构从与之没有必然关联的陆军部中拆分开来。①

1849 年，国会终于创立内政部，且在同一法令中宣布："内政部长将接管陆军部长现有的对于印第安人事务管理局局长所有作为的监管、上诉权力……"②从此，管理局的归属权正式由陆军部移转到内政部。显然，这不是一个简单的人事变动。它既是过去美国与印第安人之间无政府状态逐渐难以为继、美国印第安人事务则不断内政化这一趋势的继续，也是当前迁移政策失效、美国不得不更进一步，适时调整相应政策、制度安排的体现，因此具有一定的必然性。所以尽管参议院颇有些反对该法令的声音③，最终国会还是未作实质性修改就直接通过了它。法令的坚定支持者，密西西比州参议员杰斐逊·戴维斯（Jefferson Davis），还揭示了管理局归属权移转背后更深的意义。他说：既然美国政府与印第安人部落间已经是一种监护人与被监护人的关系，那么政治制度的安排就应该与之相匹配；而且美国印第安人事务的主流已经改变，"战争成了例外，和平才是常态，政策也就应当适应后者，而不是前者"④。19 世纪 40 年代末美国西部边疆的相对和平，支持了戴维斯等人的看法。所以对于国会的移转安排，陆军部和管理局当时都没有表示任何异议。

可惜好景不长。从 19 世纪 50 年代开始，尤其是美国内战结束后，随着美国更为惊人的全面扩张、白人社会在西部更大规模的膨胀，西进运动遭遇

---

① Francis P. Prucha, *The Great Father: The United States Government and the American Indians*, Lincoln: University of Nebraska Press, 1984, p.321.

② Francis Prucha, ed., *Documents of United States Indian Policy*, Lincoln: University of Nebraska Press, 2000, p.80.

③ 作为反对者之一，卡尔霍恩就反问："谁看不到印第安人事务与陆军部有着密切的关系？"见[美]沃什伯恩：《美国印第安人》，陆毅译，商务印书馆，1997 年，第 203 页。

④ Francis P. Prucha, *The Great Father: The United States Government and the American Indians*, Lincoln: University of Nebraska Press, 1984, p.322.

美洲大陆地理极限、行将结束,美国与西部印第安人之间的政治、经济(尤其是土地、资源)、军事矛盾逐渐白热化,终于到了不得不解决的程度。美国政府的首要考虑,自然仍旧是如何保障白人开拓者在西部的安全、利益及相关的基础设施(如铁路等),但它一没有另外一个可供迁移、"安置"印第安人之用的"西部",二也仍然不情愿将"野蛮的"印第安人马上接纳为美国公民,因此"唯一的办法就只能把各部落限制在狭小的地区里,将他们原有的活动地域最大限度地开放给白人。于是,保留地制度应运而生"。①

但保留地制度的建立,绝非一朝一夕之功,它面临诸多难题:第一,从根本上说,保留地制度是一种剥夺印第安人土地、资源的不公正安排,所以难以为声称拥有土地所有权的印第安人接受。这就是美国在建立保留地系统时,往往只能以武力为后盾,而整个过程则充满血腥暴力的原因。第二,作为工具,美国建立保留地制度,一定程度上也是为了将弱势的印第安人隔离于强势的白人社会,以便在保护他们的同时推进同化。但印第安人往往既不认可保留地的保护功能,也难以适应同化带来的白人式定居生活。那些不屈服或自行走出保留地的印第安人,就难免受到西部正规美军的"教训"。第三,即使那些被迫接受保留地制度的印第安人,也因为仍有很多白人拒不承认或不尊重他们已经相当有限的保留地土地所有权,肆意闯入,而发生严重的对抗。并且,按历史惯例和宪法规定,美国印第安人事务由联邦而不是各州主管,印第安人不向所在州纳税,所以各州往往排斥、抑制印第安人,贬称其为"流浪人""侵入者"或"强者或善骗者的标准牺牲品",②因而加重了对抗。另外,保留地的狭小,西进白人的定居生活方式及消灭野牛为发展工商业让路的行为,使得印第安人以渔猎为主的传统生活方式陷入全面危机。生存的困境,自然迫使印第安人采取各种形式包括非理性的反抗(同时还发生了血

---

① 李剑鸣:《美国印第安人保留地制度的形成与作用》,《历史研究》,1993 年第 2 期。

② Theodore W. Taylor, *The Bureau of Indian Affairs*, Boulder, Colorado: Westview Press, 1984, p.18.

腥的内斗)。第四,虽然在整体实力上,印第安人早已无可挽回地堕入劣势,但通过学习白人的军事技术,尤其是骑马,此时他们的军事力量也已大大加强。总之,各种因素,从历史恩怨、现实利益冲突、文明差异,再到偶然性事件,都可能引发双方之间的冲突与纠纷,甚至是战争。

19世纪40年代短暂的平静打破了,和平成为珍稀而且充满争议的事物。围绕着如何处理西部印第安人的路线问题,白人社会巨大的内部分歧再次浮出水面。这一分歧最为集中的体现,就是对管理局的归属权究竟应该划归何处的重新辩论。一方认为,既然美国印第安人主要事务之一仍旧是战争,那么就有必要优先对印第安人采取军事政策。这其中有些人甚至认定印第安人只是一些完全不值得同情、毫无希望转化为"文明人"、根本无法适应现代社会的"残忍野蛮人",他们据有土地,又不肯主动为"文明人"让路,所以必定与"文明社会"发生激烈的暴力冲突——结局对于他们来说自然是残酷的,但这是"文明"扩展的必然与常态。这种极端看法虽然颇有市场,但不能说就是主流意见。更多的人持一种中庸的态度,他们极力推动的是将管理局由内政部重新移转回陆军部。陆军部长斯科菲尔德(J. M. Schofield)在1868年年度报告中,全面、详细地解释了这样做的原因:

> 很明显,我们处理印第安人(事务)的方式得做重大改变。如果印第安人诚实守信,为维持好名声、好政策计,我们当然也得恪守既定条约;但只要有部落违了约,就不应该再认其为民族(nation),并以民族对待之,而要像对"附属的未开化人民"(dependent uncivilized people)一样对他们进行照料,必要时进行喂养,并统治他们。
>
> 同样明显的是,任何同时由两个政府部门主管的公共服务机构,都不可能高效而经济地运作。如果内政部能够独力管好印第安人事务,并由此省下部队在印第安人地盘上的巨额开支,那当然好。但如果部队必须留在那儿保护铁路和边疆居民点,何不让军官们充任印第安人事务

官,以此节省雇用文官们的所有费用? 另,军官自有其军事名誉和委任资格的约束, 在职期间的任何不端行为都会受到军事法庭的审判……而文职事务官只是政府一时的官员,其不法行为实际上不受审判和惩罚,因此最不可能使政府做到正当的管理。

为政府的经济节约,为更有效地保护边疆居民点,为公正对待印第安人,我建议陆军部重新管理印第安人事务,并有权为他们的政府、为他们防卫不法白人而制定法规。①

显然,这些人并不主张以军事政策来彻底替代和平政策。他们不反对必要时对不屈服的印第安人动武,但对于所谓"文明化"计划和内政化方向,他们不仅不反对,反而认为以自己的方式去推进才更为经济且公正,弊端也最少。用一位陆军上校发表于 1870 年的文章中一句话来说,就是:"和平艺术的好处,自然要教与那些红种人,但我们改革运动的高明,在于'天鹅绒手套里裹着铁手'。"②由于内战结束后美国西部边疆陷入剧烈动荡,他们这种军事与民事政策并重,但以军人牵头的方案,获得了广泛的支持。1860 年,参议院在咨询将印第安人事务重新移转交回陆军部是否合适时, 陆军部长与内政部长就一起给了肯定性的答复。内政部长汤普逊(Jacob Thompson)解释说:陆军部装备优良,足以控制、管理"野蛮人,以及内陆那些四处游荡而狂暴的部落,而印第安人大多皆此类耳"③。1867 年 1 月,将管理局移转到陆军部的正式提案,还在国会众议院险胜通过,并得到来自西部的参议员们支持(不过参议院却否决了它)。同一年成立、受命于向印第安人推行和平与"开

① Francis Prucha, ed., *Documents of United States Indian Policy*, Lincoln: University of Nebraska Press, 2000, pp.116–117.

② Donald J. D'Elia, "The Argument over Civilian or Military Indian Control, 1865–1880", in *Historian*, 24, 2(February 1962), p.211.

③ Francis P. Prucha, *The Great Father: The United States Government and the American Indians*, Lincoln: University of Nebraska Press, 1984, p.323.

化"政策的印第安人和平委员会(Indian Peace Commission),在 1868 年 1 月的报告中,还振振有词地坚持管理局的首要任务是"以和平的手法教育并指导印第安人,即教化他们。政府的陆军并非执行此类任务的最合适对象……这些毫无疑问都是民事而非军事上的职责",因此明显倾向于将管理局定位为内政部门,甚至建议将管理局设置为政府的一个独立局、部。但接下来发生的一连串印第安人战争,使其很快修正了看法。在 1868 年 10 月另外一个决议中,它不仅提出了更为彻底将印第安人"文明化"、内政化的主张,还指出在迫使印第安人迁移到保留地的过程中,使用武装力量将必不可少,因此它支持将管理局从内政部移转到陆军部。①受其鼓励,当年 12 月,一个将管理局移转到陆军部的新法案又在众议院大胜通过。这一法案仍被参议院否决,但众议院还不死心,1876 年再次通过了类似法案(结果仍受阻于参议院)。

西部边疆军人的态度尤其耐人寻味。作为美国正规军,他们不仅有保护西进美国人的居民点及其财产、设施的义务,而且是推行保留地政策的武力保障与主要后盾,因此与印第安人之间,难免发生经常性的武装冲突。但这往往是些吃力不讨好的任务:①政府一边鼓励移民西进,一边郑重承诺印第安人在保留地里将不受打扰,这两种目标实际上经常是相互冲突的。解决双边矛盾,成为落在军人肩上的繁重任务;但内战结束后,他们却遭到了大量的裁减。②军队在与印第安人发生冲突时,后者往往可以借保留地为庇护,使前者无法达到军事目标,因而屡受白人移民的埋怨;政府为安抚那些不屈服的印第安人,还往往给予他们更优厚的待遇,这在军队看来,无异于是在鼓励"闹事"。③虽然军队"自视为推进文明的卫士,清扫野蛮人以为牧场主、开矿者、农夫和商人开路",但别人并不这样看。尤其是那些"舒舒服服远离边疆"的东部白人人道主义者们,一旦军队对西部印第安人动粗,他们就会

---

① Francis Prucha, ed., *Documents of United States Indian Policy*, Lincoln: University of Nebraska Press, 2000, pp.107,116.

对之进行激烈的批评;①但军队却不能因此而不执行任务,否则那又要受西部移民的谴责。④军队对印第安人事务的高度卷入,使得他们对印第安人遭遇的不公对待和悲惨命运有更为实际的了解与感受,因此"军队也有很多同情、理解和支持红种人的需要和愿望的事例"②。种种原因,使得军人更为赞同对印第安人实行军事与民事并重、以军事政策来引领对印第安人的"文明化"与内政化的路线,并相信唯其如此,才可以既减轻军方压力,又满足白人的安全、道德需要,既有利于达到白人社会当下的目标,又兼顾印第安人未来的前途。这显然是一种只有在军人主导下才能顺利开展的办法。因此,将管理局由内政部重新移交到陆军部,就成为他们的目标。谢尔曼(William T. Sherman)将军在 1876 年的一封信中特意澄清道:"军队想与印第安人打仗,这种在不少人中流行的意见,是不真实的";相反,军队"天然需要和平",最有利于制止印第安人战争,同时推进他们的同化,才是事实,所以管理局"需要一位军事首脑,常驻于陆军部"。③格兰特将军当选总统后以推行和平政策闻名,但他任命印第安人事务官时大都选用军官,就是出于这种考虑。

与这批人意见相左,另一方却认为:虽然迫于时势需要,美国现在仍然免不了要以武力为后盾对付印第安人,但真正亟须、有效而且代表未来方向的,却是将印第安人"文明化"、内政化的和平政策。他们从普世自由主义、人道主义以及基督教教义出发,相信抛弃落后、"野蛮"的生产生活方式,接受美国文明,既是印第安人完全有能力办到的事情,也是其天赋人权;并承认这是一个巨大、艰难的转型,所以必须以白人社会人道、公正的对待与帮助,而不是以军事恫吓、逼迫甚至是武力镇压、消灭,作为前提,才有可能实现。这些意见集中体现于印第安人委员会(Board of Indian Commissioners,格兰

① Robert M. Utley, *Frontier Regulars: The United States Army and the Indian, 1866–1891*, NY: Macmillan Publishing Co., Inc., 1973, pp.xiii, 8.

② [美]沃什伯恩:《美国印第安人》,陆毅译,商务印书馆,1997 年,第 219 页。

③ Francis Prucha, ed., *Documents of United States Indian Policy*, Lincoln: University of Nebraska Press, 2000, p.146.

特总统创建于 1869 年、用来监督有关印第安人方案计划的组织)1877 年报告中。报告说:"我们与印第安人打的所有交道,以及针对他们的所有立法,都有一个矢志不移的目标,那就是他们的文明化和最终的公民化。这是唯一能与我们作为伟大的基督教民族相称的目标。而要达到这一目的,靠军事手段,恐怕是不可能的。"①因此,他们极力反对将管理局移交陆军部,主张仍将其保留在内政部,甚至提出成立一个独立的印第安人部门的设想。

管理局局长泰勒(Nathaniel G. Taylor)在 1868 年的年度报告中,对那种再次移转管理局的看法,逐一作了有力反驳:①"及时、高效而成功地管理和主导印第安人事务,其责任过于艰巨、繁琐而重大,不宜加诸已经任务在身的陆军部长肩上。"②将管理局移转到陆军部,"会使在战场上维持一支庞大的常备军,成为必要",这与和平时期的需要殊不相宜,势必无谓地消耗大量资源,加重国民税负。③美国"对待印第安人部落的正确政策是和平",而将管理局移转到陆军部,"相当于指向没完没了的战争"。部队参与、以武装力量来处理事务,即使在"最为开化与和平的人群中",都容易"造成敌对的空气,招致反抗和战争的情绪",更何况是在"野蛮人和半开化的印第安人"之中!④"军事部门管理印第安人事务过去搞了 17 年,结果证明为失败,事物的本质摆在那里,这种搞法必定永远失败。"军人习于兵刀,文官长于科学、教化,"将一个堕入原始野蛮状态的种族提携起来,引导他们见识美好生活的阳光,去除愚昧不化,均沾文明与和平福音的雨露",显然是文官而非军人之所长。后者成功办到的,"唯有使我们的印第安人历史染上斑斑血迹,在我们那些部落的心灵上平添仇恨与报复,以及花掉人民为数达五千万元的金钱,然后一而再,再而三地重复……"⑤"军事政府势必使我们的部落蒙受堕落与疾病,这样去摧毁整个种族,既不人道,也有悖于基督教教义。"⑥将管理局移转到陆军部,不仅"对印第安人是一种冒犯,对白人也是同等的伤

①　Francis P. Prucha, *The Great Father:The United States Government and the American Indians*, Lincoln:University of Nebraska Press, 1984, p.556.

害"。只要公正、守信地对待印第安人,"尊重其意愿,维持其温饱,就没有必要用部队来对付他们";设若采取相反的方式,那"怎么调兵遣将也不能制止与他们的打斗"。美国针对印第安人的所作所为,"根本目标在于文明化";而顾名思义,陆军部搞的却是军事。它之寻求移交,只是一种以权力追求权力的自我扩张行为,将会"导致军人权力的倍增",而"在共和国的和平时代,大批军事建制的出现总是会危及文官政府的至高权威以及人民的自由"。⑦管理局的军事管理方式,与美国和印第安人之间"监护人与被监护人的关系完全不相匹配",这一关系虽是美国政府自作主张的行为,但赋予了其自身"至为神圣而重大的托管责任……其中压倒一切的责任又在于对被监护人实施教导、开化和文明化",而不是以武力对待。⑧将管理局移转到陆军部,将使"国库的年度支出大幅增加"。在过去四十年里,对印第安人的军事政策花费公帑约 5 亿美元,而包括年金、礼物、购地费用在内的"文明化"管理与和平政策,却只用约 6 千万美元。显然,"军事政策比和平政策昂贵得多,如果移转成功,那么前者将取得支配地位"。由于这种种原因,泰勒不仅坚决反对将管理局移交给陆军部,而且认为连内政部也无力承担起管理印第安人事务这样的艰巨责任。他认为:"唯一明智而且合乎时宜的解决办法",是国会立即成立一个独家管理印第安人事务的部门。①

泰勒的报告虽然集中、全面地反映了同道尤其是那些激烈反对移转者们的意见,但他那种将管理局独立、单列的主张,并未得到广泛的支持;尤其是他那种将军事、和平两种政策判若泾渭、截然对立起来的观点,在很多同样反对移转的人那里,更非主流。②管理局局长梅尼朋尼(George W. Manypenny, 1853—1857 年在任)曾为下属对印第安人的极端言论和残忍态度感到震惊,他要求

---

① Francis Prucha, ed., *Documents of United States Indian Policy*, Lincoln: University of Nebraska Press, 2000, pp.117–121.

② See Robert M. Kvasnicka & Herman J. Viola, eds., *The Commissioners of Indian Affairs, 1824–1977*, Lincoln: University of Nebraska Press, 1979, pp.119–120.

他们致力于提升印第安人的文明与福利,因而坚决反对将管理局移转到陆军部;但他却提出了由文官全权控制军事与民事政策的替代方案,希望当局组织一支隶属于管理局的半军事化部队,取代那些正规军。他这样解释说:

> 尽管白人可能是,而且常常是侵略者,但现如今我们在与印第安人相处时,却到了动用军队才能满足不时之需的时候。在此情况下,拥有一支自己直接掌握的力量来推行其命令,印第安人事务管理局才能从尴尬、窘迫中解脱,并变得更为高效。一支能够很好地执行印第安人任务的部队,肯定要比现在搞的那些部队组织得更好。不过,论对野蛮人的影响之大,刺刀火药这些东西,终究不如细心的照料、善意而人道的对待……①

内政部长哈兰(James Harlan)支持管理局在签订条约等印第安人事务上的权威地位,反对军队越权对此进行过度、不当的干预。但1865年,他在回复有关管理局官员与陆军部政策多有龃龉的质疑时,也承认:在与印第安人发生战争时,内政部希望管理局官员们服从陆军部的政策;而在和平时,管理局官员也应于推行民事政策的过程中寻求军事当局的帮助。内战后几任管理局局长,如帕克(Ely S. Parker, 1869—1871年在任)、沃尔克(Francis A. Walker, 1871—1873年在任),都支持在落实保留地政策、推进印第安人"文明化"的同时,使用部队对付那些不服从者。帕克主张区分印第安人:那些待在保留地的,将被视为内政部治下的"友好"臣民;但其他人都要移交给军队,并"视其情况不同而决定以友还是以敌待之"。②沃尔克则相信:军事政策

---

① Curtis F. Jackson & Marcia J. Galli, *A History of the Bureau of Indian Affairs and Its Activities among Indians*, San Francisco, California: R& E Research Associates, Inc., 1977, p.56.

② Robert M. Kvasnicka & Herman J. Viola, eds., *The Commissioners of Indian Affairs, 1824-1977*, Lincoln: University of Nebraska Press, 1979, p.128.

与民事、和平政策不会相互妨碍或对立,动用武力应"视为(对印第安人的)规训,而非战争"。他的继任者史密斯(Edward P. Smith,1873—1875 年在任)虽坚信士兵的参与将妨碍"文明化"的推进,但承认"对印第安人的第一课是让他们自食其力——末一课则应由军人来上"[1];他甚至不理会过去条约中曾有相关禁令,而支持在一些具体的印第安人事务中使用军队。[2]

总之,在多数反对将管理局移转到陆军部者看来,针对印第安人的军事、民事政策,同样是必不可少的;内战结束后,随着美国与印第安人之间冲突的升级,这种需要双管齐下、以军事力量来辅助并保障和平政策的推进之意见,更是成为广泛的共识。所以他们与那些支持移转者们之间,看似针锋相对,实际上的分歧却并不如想象的那样大。当然,双方中那些极端主义者的意见,是不可兼容的。但在更多倾向于采取稳健、实用及中庸办法者那里,其内部分歧不过是军事与和平政策孰先孰后,究竟是应以军人还是以文官来主导这些政策,谁来主导将会更加经济而公正地达成对印第安人的"文明化"与内政化目标而已;至于要不要军事、民事政策并重,这两种政策最终服务于什么样的战略目标,在这些更为根本的问题上面,他们之间的看法并不存在实质性的差异。

双方这种在政策、目标上的高度近似与趋同,首先给当时的美国印第安人事务带来了分工不清晰、管理相对混乱而低效等乱象;其次,还给有些人造成了在军事政策与和平政策之间无所适从、不知道如何及何时交换使用这两种政策的巨大困扰。这都在激化有关管理局归属权争论的同时,又加速了这一争论的结束,甚至还规定了它以什么样的方式结束。因为双方的这种高度共识,最终反映出一个严峻的事实,即不管其辩论结果如何,是支持移

---

① Francis P. Prucha, *The Great Father: The United States Government and the American Indians*, Lincoln: University of Nebraska Press, 1984, pp.534–535, 556.

② Curtis F. Jackson & Marcia J. Galli, *A History of the Bureau of Indian Affairs and Its Activities among Indians*, San Francisco, California: R& E Research Associates, Inc., 1977, pp.55, 57.

转管理局者胜出还是反对者胜出，是军事政策占据上风还是和平政策占据上风，是军人还是文官赢得最后的主导权，都不会从根本上影响到今后印第安人的政治命运以及美国印第安人政策的基本走势。这就是说，印第安人将被美国拖进所谓"文明化"与公民化的步伐，印第安人事务将成为美国的内政，已经成为不可扭转的方向；而随着所谓"文明化"计划与内政化方向的推进，印第安人与美国之间那种持续了百年之久的无政府状态，也将走向最后的终结。

这就是到 19 世纪 80 年代时，反对将管理局移转回陆军部、支持其保留在内政部的一方，最终取得决定性胜利的深层次原因。人们常常把这一结局归因于一些具体的历史事实，认为是它们削弱甚至取消了美国对印第安人进行军事控制的必要，从而使得军人不再有合适的理由和借口来主导印第安人政策。如：①西进运动结束后，白人已经逐步建立起稳定的西部居民点和城市；②此后，印第安人基本上全部为美国所控制并迁入保留地；③同时，西部野牛的灭亡，导致印第安人传统生产生活方式受到毁灭性打击，因而他们在美国面前彻底失去了独立的资本与战斗的能力；④尤其是几大横贯美洲大陆的铁路干线的修筑，为美国提供了根本的军事后勤保障与更大规模的人财物流；等等。①这都不错，不过遗漏了一条隐藏在这些表象之后的、更为源远流长的原因。其作用在管理局早期的历史中，一以贯之、清晰可见：如果说 1824 年管理局创立于陆军部，基本上还是一种被动适应形势变化的阶段性制度革新和过渡性制度安排的话，那么 1849 年管理局移转到内政部，尤其是在内战结束后的管理局归属权争论中，激辩双方不约而同达成根本共识的事实，就已经是带有明显主动性质的选择了。既然在过去，事实一再证

---

① See Francis P. Prucha, *The Great Father: The United States Government and the American Indians*, Lincoln: University of Nebraska Press, 1984, pp.560–561；Curtis F. Jackson & Marcia J. Galli, *A History of the Bureau of Indian Affairs and Its Activities among Indians*, San Francisco, California: R& E Research Associates, Inc., 1977, p.57；[美]沃什伯恩：《美国印第安人》，陆毅译，商务印书馆，1997 年，第 221 页。

明,美国与印第安人之间原有的无政府状态已经不可持续,面临的威胁也一次比一次严重,那么现在它遭到最后的废除,又有什么可怪呢? 换言之,作为一种趋势,这种无政府状态的终结,只是一个时间问题而已。它使得相关制度的变革,也成为不可避免。因此,在那场始于 19 世纪末期、为美国朝野共同推动、志在使印第安人"美国化"和公民化、暴风骤雨般的强制同化运动中,管理局不仅永久地失去了移转到陆军部或单独成为一个联邦部门的可能性,连其自身是否值得保留,也成为问题了。①

三、无政府状态终结的必然性

托克维尔曾以地理环境、法制(政策、制度等)和民情(即"人在一定的社会情况下拥有的理智资质和道德资质的总和")三因素分析美国与印第安人之间的政治关系史。他虽然按地位的重要性及影响的深远程度,将三者处理为一种递进的层次关系,但并没有因此而忽略地理环境因素。他承认:法制、民情的区别,为不同种族、族群之间设置了令人触目的"鸿沟","教育、法律、血统,甚至外貌特征,在他们之间筑起了一道几乎无法逾越的屏障";但指出:命运已经把他们"集合在同一块土地上","大自然为了使两者接近而进行努力",尤其是欧洲人从四面八方"包围"印第安人、并逐渐缩小包围圈之后,"这两个种族终于相会,并直接接触了","孤立于自己土地上的印第安人,被一个人数众多和占有统治地位的民族所包围"——这种地缘政治棋局及其变化,必定对美国与印第安人之间的政治关系和互处模式产生极其深刻的影响。②

---

① James S. Olson eds., *Encyclopedia of American Indian Civil Rights*, Westport, Connecticut: Greenwood Press, 1997, p.71.

② [法]托克维尔:《论美国的民主》(上册),董果良译,商务印书馆,1988 年,第 354、358、374、369、389 页。

　　不管如何强调美国与印第安人之间过去那种平等的列国关系多么合乎正义,都不能否认一个最基本的事实,那就是由此生发出来的双方间的无政府状态,根本就无法有效解决托克维尔指出的不同种族、族群不得不共处于同一地域的问题(尤其在他们之间没有形成稳定的现代主权国家体系时)。因此,以历史的、务实的眼光看,这种状态之所以走向终结,带有必然性。这将是一个重新确立双方政治关系的过程,同时必定伴随着相关制度的变革兴废。其过程、结果未必完全符合抽象、单一的正义标准①,但却是真实、客观、实际问题加上其他因素(包括人为因素)共同作用的结果。自然,我们不能因为无政府状态不可持续,就否认后续的变革应以正义为准绳;但是我们也不能因为此类变革及其结果往往可能有违正义,就否定此种情势下无政府状态终结的必然性,进而不承认后续的政治关系调整、相关制度变革乃至正义补偿等,都应以承认这一历史大势作为前提。

---

　　① 笔者在旧文中,已从多层次论证美国印第安人政策中强权主义、殖民主义及父权主义、内部殖民主义之类思路的危害,并对此类行为予以严厉批评。详见王坚:《当代美国印第安人利益集团活动评述》,《美国研究》,2016 年第 3 期;王坚:《传统自由主义的滑铁卢——1870—1930 年代的美国印第安人政策评述》,《世界民族》,2015 年第 2 期。

第三章 传统自由主义的滑铁卢

——19世纪70年代至20世纪30年代的美国印第安人政策评述①

现在,我们的村庄在他们的草原上星罗棋布;我们的城市在他们的平原上兴建起来;我们的矿工在他们的山上攀登,在他们的峡谷里寻找休息的地方;我们的电报、铁路和邮政深入他们的乡土,通向四面八方;他们的森林已被清除,他们的草原正被翻耕,他们的荒地已被开发。印第安人不能捕鱼和打猎。他们要么改变他们的生活方式,要么死亡。这就是他们面临的选择,没有别的路可走。

——美国参议员彭德尔顿1881年说②

只要印第安人住在村子里,就会保持他们很多古老而有害的习俗。持续

---

① 这里的"传统自由主义",指的是不承认种族、族群集体权利,并且不包容其文化多样性的旧的美国自由主义政治框架,即没有实施文化多元主义(Cultural Pluralism)或多元文化主义(Multicul-turalism)之前的美国自由主义。因此,它既不等同于西方政治思想史上的"古典自由主义"(Classical Liberalism),也不意味着与西方政治思想史上的"新自由主义"(New Liberalism或Modern Liberalism,或更晚出现的Neoliberalism)必然对立。关于这种"传统自由主义"与当代自由主义的区别,以及后者对前者的变更,详见[加拿大]威尔·金里卡:《自由主义、社群与文化》,应奇、葛水林译,上海译文出版社,2005年,第130~132、202~203页;[加拿大]威尔·金里卡:《当代政治哲学》,刘莘译,上海译文出版社,2011年,第361~362页;尤其是[加拿大]威尔·金里卡:《多元文化的公民身份———一种自由主义的少数群体权利理论》,马莉、张昌耀译,中央民族大学出版社,2009年,第75~80页。

② [美]沃什伯恩:《美国印第安人》,陆毅译,商务印书馆,1997年,第250~251页。

不断的节日与走访,异教徒的仪式与舞蹈,这些都会继续……我相信总有一年他们将全部被安置在私人的土地或农庄里。从那天起,他们将迎来真正而持续的发展。

——某苏族部落的白人代理 1877 年年度报告①

这将使白人和印第安人发生密切的联系。当然,在接着发生的斗争和竞争中,许多印第安人将一败涂地,那时,幸存者将成为美国公民。

——西奥多·罗斯福评保留地土地的分配与向白人开放②

一、还能扮演“国中之国”吗?

美国历史学家弗雷德里克·特纳(Frederick J. Turner, 1861—1932)在1893年发表的《边疆在美国历史上的重要性》中,自豪地历数了这个国家过去征服的一个又一个边疆,从 17 世纪的瀑布线,到 18 世纪的阿勒格尼山脉,19世纪的密西西比河、密苏里河、落基山脉和干旱地带……然后承认:“每条边疆都是通过一系列对印第安人的战争而获得的。”他解释说,每一类行业的人总是“波浪式地”相继越过大陆,去征服边疆,走在最前面的是印第安人,接下来是毛皮商与猎人,然后是养畜人,最后是白人农民拓荒者,“于是边界就走过去了”。这显然不是一个温情脉脉、田园牧歌式的相互交流过程,而是伴随着各种各样正式或肮脏的交易,乃至残酷无情的驱赶、征战、杀伐……结果是印第安人的“原始生活”由此终结,其社会的“整体性”遭到破坏。

特纳还引 1820 年官方报告证明,早在彼时,美国的不断西进就已将印第安人的土地包括在内,“如何处理这些部落成为一个重大的政治问题”。不

---

① Angie Debo, *A History of the Indians of the United States*, Norman: University of Oklahoma Press, 1970, p.299.

② [美]沃什伯恩:《美国印第安人》,陆毅译,商务印书馆,1997 年,第 255 页。

过,此前此后很多年,印第安人诸部落仍能长期基本上游离于强大的美国自由主义政治系统之外,至少维持名义上的主权与自治。这主要得益于于美洲大陆西部的广袤空地。由于白人一时之间难以全部占领,或暂认为不值得占领,所以下一个被征服的边疆,往往就可以为暂时安置和消化日渐弱势的印第安人诸部落提供空间和时间。这种情况维持到 19 世纪 80 年代前后,形势就全变了。特纳的论文郑重地指出了这一变化。他引用 1890 年官方报告,宣布近十年来,随着美国西部未开发的土地被各自为政的一块块定居地所占领,边境地带也就不再存在,西进运动结束了。①印第安部落聚居的保留地,就像时人所说的那样,已经成为"一些孤岛,正在不断地受到文明生活海洋浪涛的冲击"②。

一个已经没有西部边疆,但早就自负其文明,又正在扶摇直上的强势国家,还能再容许一个长期受其鄙薄压制、力量弱小,同时占有大量土地等资源的异质文明组成许许多多的 nation(美国历史上,较大的印第安人部落长期而且至今仍被称为 nation),并在其统治范围内扮演某种意义上的"国中之国"角色吗? 它将采用何种策略应对新的形势? 过程是否顺利? 有何结果? 意义何在? 特纳没有回答这些问题,是同时代的美国政府以行动作出了回答。这就是从 19 世纪 70 年代开始,19 世纪 80 年代达到高峰, 却在实行半个世纪后铩羽而归、不得不于 20 世纪 30 年代终止的强制同化政策。③

---

① 这两段的引文出自[美]特纳:《边疆在美国历史上的重要性》,载杨生茂编:《美国历史学家特纳及其学派》,商务印书馆,1984 年,第 12、14、16、9、3 页。印第安人得以维持部落名义上的主权,自然还有其他原因,这里从略。

② 这是印第安人权利协会的执行秘书韦尔什 1892 年说的,见[美]沃什伯恩:《美国印第安人》,陆毅译,商务印书馆,1997 年,第 245 页。

③ 美国印第安人政策的强制同化时期的起止,学术界说法略有不同。关于起始时间,有人从 19 世纪 80 年代算起,如[美]沃什伯恩:《美国印第安人》,陆毅译,商务印书馆,1997 年,第 254 页;有人从 19 世纪 50 年代算起,如 William T. Hagan, *American Indians*, Chicago: The University of Chicago Press, 1979, p.121;大多数人只是模糊地提到从 19 世纪末最后几十年起,如 Evon Z. Vogt, "The Acculturation of American Indians", in Roger C. Oven, et al., eds., *The North American Indians: A Sourcebook*(转下页),

二、强制同化政策的目标与措施

　　白人试图同化印第安人的思想与行动,在美国史上可以追溯至很早,并且一直不绝如缕。不过 19 世纪 70 年代以前,印第安人部落基本上仍能保持其独立自治或名义上独立自治的地位。建国早期,美国政府基本延续殖民地时期的惯例,承认各自为政的诸部落分别拥有近似于独立国家的主权,不仅较大的部落称为 nation,而且还明确了印第安人事务的管辖权属于联邦(而非各州),处理联邦与部落双边关系时,相互得如政府对政府一样采用签订条约的形式。华盛顿政府的战争部长亨利·诺克斯说印第安人部落"应该被认为如外国一样,而非任何一州的臣民"①,这样的言论不光有代表性,并且有其宪法依据。美国宪法开始并不把印第安人算作美国公民②,而印第安人也几乎没有人认为自己已是或将成为美国人。后者归属于各自的部落,原本散落于北美大陆,后来逐渐被挤压、驱赶到东部尤其是中、西部的保留地里。在这个过程中,他们绝大多数仍保留着名义上独立自治的政治地位,及与美国自由主义的主流社会迥然不同的以渔猎为主的群体性生产生活方式。19世纪 30 年代, 国家主义的约翰·马歇尔最高法院宣布印第安部落是美国的

(接上页)Toronto,Ontario:The Macmillan Company,1967,p.636;本书赞同前印第安人事务管理局局长约翰·科利尔(正是在他手上结束了强制同化政策)的说法,以标志性的 19 世纪 70 年代算起,See Jack D. Forbes,ed.,*The Indian in America's Past*,Englewood Gliffs,NJ:Prentice-hall,Inc.,1964,p.112。至于结束时间,虽有少数人认为在 20 世纪 20 年代,如 David E. Willkins & Heidi K. Stark,*American Indian Politics and the American Political System*,Lanham,Maryland:Rowman & Littlefield Publishing Group,Inc.,2011,pp.127-128,但大多数都以 20 世纪 30 年代,尤其是《印第安人重组法》(Indian Reorganization Act,1934)的出台为结束,本书也赞同后一说法。

　　①　Jack D. Forbes,ed.,*The Indian in America's Past*,Englewood Gliffs,NJ:Prentice-hall,Inc.,1964,p.99.

　　②　美国宪法和政治历史上对印第安人的忽视,See Judith Resnik,Dependent Sovereigns:Indian Tribes,States,and the Federal Courts,*University of Chicago Law Review*,Vol.56,No.2(Spring,1989):671-759.

"国内附属民族(domestic dependent nations)……他们与合众国的关系与被监护人与监护人类似"。这种裁决是对部落主权的政治降格,但不是剥夺。因为它同时还继续承认部落是独立、自治的政治团体,其享有的原始自然权利将一仍其旧,各州不得将司法管辖权延伸到它的领土范围内。[①]

1871年,事情起了关键变化。这一年,国会在给内政部(该部负责印第安人事务)的拨款法案中加入一条"附则"(rider):"今后,美国境内所有印第安人民族(nation)或部落,均不得被承认或认为是独立的民族(nation)、部落或国家(power),合众国不再与之以条约形式建立关系。"[②]这就在实质上否定了印第安人的部落主权,同时也意味着此后美国政府与印第安人部落的关系,将由外交或准外交问题彻底变为内政或准内政问题。[③]这可以说是美国将强制同化印第安人正式上升为国家主要战略的开幕。此后六十余年,虽然中间不免小有反复,但强制同化取代其他诸种政策,成为美国政府处理印第安人问题的支配性思路与最重要措施。

强制同化战略的核心目标,在于破除印第安人原有的群体依托、族群身份及部落认同,并将其改造为单一个体的、具有美国公民身份、公民意识并认同美国主流价值观的美国公民。为了达到这个目标,美国政府先后采取了一系列具体的措施:

(一)美国政府全面剥夺了印第安人部落的主权和自治权

马歇尔最高法院的"监护论"将美国与印第安人部落的关系定义为国际

---

① Joseph S. Roucek & Bernard Eisenberg, eds., *America's Ethnic Politics*, Westport, Connecticut: Greenwood Press, 1982, p.50; Duane Champagne, ed., *Chronology of Native North American History*, Detroit, MI: Gale Research Inc., 1994, pp.150, 154.

② Jack D. Forbes, ed., *The Indian in America's Past*, Englewood Gliffs, N. J.: Prentice-hall, Inc., 1964, p.112.

③ Vine Delovia, Jr., The Evolution of Federal Indian Policy Making, in Vine Delovia, Jr., ed., *American Indian Policy in the Twentieth Century*, Norman: University of Oklahoma Press, 1985, p.247.

法中保护国与同盟之间的关系,而 1871 年的"附则"却将印第安人贬低为不能自治的孩子或不能自理的精神不健全者。①既如此,美国与部落之间,也就不宜再维持政府对政府这样的关系了。自这一年起,美国政府政策"就变为以立法形式来处置印第安人事务,而不是谈判,甚至常常不再征询他们的意见,无论出台的法律将对印第安人的公民权与财产权产生何种影响"②。这虽然是美国政府自作主张、自我授权,但它开始了对部落主权和自治权的全面、正式剥夺,却是事实。1885 年,国会制定的《印第安人重罪法》(Indian Major Crimes Act) 实际上推翻了马歇尔时代定义的印第安人部落独立司法权。③这种做法在次年的"合众国诉卡加玛"(United States v. Kagama)一案中,得到了联邦最高法院的支持。它裁决国会不仅有权力,而且有责任以它认为合适的方式行使权力,以照拂被其监护的印第安人的福利。④由此逐渐发展出一种国会对部落的"完全的立法权力"(plenary power of legislation),后来成为美国政府处理印第安人事务的一大原则。⑤ 1898 年《同化犯罪法》(Assimilative Crimes Act)正式规定印第安人要受所在州法律的支配,结束了以前法理上只受联邦管辖的历史。同年 6 月的《科蒂斯法》(Curtis Act)还废除了部落法庭,并禁止部落法适用于联邦法庭。随着部落立法权、司法权被剥夺殆尽,其主权、自治权已不复存在。

---

① 参见李剑鸣:《美国土著部落地位的演变与印第安人的公民权问题》,《美国研究》,1994 年第 2 期。See Vine Deloria, Jr. & Clifford M. Lytle, *The Nations Within: The Past and Future of American Indian Sovereignty*, New York: Pantheon Books, 1984, p.329.

② McNickle, *The Indian Tribes of the United States*, London: Oxford University Press, 1962, p.44.

③ W. C. Macleod:《印第安人兴衰史》,吴泽霖、苏希轼译,商务印书馆,1947 年,第 442 页。

④ Duane Champagne, ed., *Chronology of Native North American History*, Detroit, MI: Gale Research Inc., 1994, pp.236-237.

⑤ [美]卡尔威因、帕尔德森:《美国宪法释义》,徐卫东、吴新平译,华夏出版社,1989 年,第 88~89 页。

（二）美国政府以土地分配的形式，试图摧毁印第安人保留地，进而瓦解其部落

虽然白人社会将印第安人诸部落圈进一块块保留地，原本就带有隔离和同化的双重用意，但一定程度上，保留地仍然具有相当或名义上的独立性，成为部落及其传统生活方式的依托。到 19 世纪 80 年代，强制同化战略实施如火如荼，美国政府就再也不能容许部落保留"自己的"集体土地，延续其"野蛮落后的"生活方式了。1887 年《道斯法案》(The Dawes Act)①是对保留地和部落的致命打击。法案规定，将保留地的部落共有土地以份地形式分配给印第安人个人，其他"剩余"土地将出售给白人。这项规定的战略意图，不但在于摧毁保留地，进而瓦解依托于其上的部落，还在于使分得土地的印第安人习惯定居的农业生活，接受"文明社会"的个人主义与私有制观念，成为一个彻底放弃部落群体关系、改按白人方式生活的美国人。西奥多·罗斯福形象而准确地将法案称为"一部打碎部落整体的强大粉碎机"②，而俄亥俄州参议员彭德尔顿则为法案辩护："（印第安人）要么改变他们的生活方式，要么死路一条……为了使他们得以改变生活方式，我们必须改变政策……我们必须在他们当中最大限度地激发住所、家庭和财产的观念。这才是文明的寄托；所有种族的文明均肇始于这些观念的开始植入人心，这些印第安人也不例外。"③这都深刻揭示了它的最终意图。为更好实现同化，法案甚至还慎重地规定了一个 25 年的土地托管期，以防土地到手后，印第安人很快将它

---

① 也称《土地总分法》，The General Allotment Act。

② Duane Champagne, ed., *Chronology of Native North American History*, Detroit, MI: Gale Research Inc., 1994, p.237.

③ D'Arcy McNickle, Indian and European: Indian-White Relations from Discovery to 1887, in Roger C. Oven, et al., eds., *The North American Indians: A Sourcebook*, Toronto, Ontario: The Macmillan Company, 1967, p.635.

们卖掉。这样,虽然在整个强制同化时期,美国政府始终没有明文规定印第安人部落退出历史舞台,但通过剥夺其主权与自治权,打破保留地,仍有兵不血刃的效果。

(三)美国政府逐步但最终全面赋予了印第安人美国公民身份

为了让印第安人更彻底地个体化、"文明化",即美国化,《道斯法案》还将赋予他们美国公民身份与土地分配进行了捆绑。法案规定,经过25年的土地托管期,只要印第安人土地接管者及其后裔能在白人社会里担起地主的责任,或是被认为配享有公民资格,就能在得到份地完全权利的同时,成为一个美国公民。这个法案又为1906年国会通过的《伯克法案》(Burke Act)所修正。后者授予内政部长一种便宜行事的权力,使他可以提前终了25年的份地托管期限;在此之前,分得土地的印第安人就可以归化为美国公民,得遵守美国的民法与刑法。①这是为加快土地私有化步骤,进一步削弱部落、推进同化而作出的新安排。

1901年,《五大文明部落公民权法案》(Five Civilized Tribes Citizenship Act)将被《道斯法案》排除在外的五大文明部落(约占美国印第安人口总数三分之一)也纳入公民权授予范围。1907年,随着俄克拉荷马州加入美国,该州所有其他印第安人也都归化为美国籍。1919年,在美国境内所有为一战服务过的印第安人一律获得美国公民权。最后,国会于1924年赋予所有生长于美国境内的印第安人美国公民权,从而完成了这一进程。

印第安人事务管理局局长摩根宣称,印第安人"分得土地而成为公民后,必须准备彻底摧毁部族关系;印第安人必须个体化(individualized),必须把他们当作个人而不是整体来对待";他们被纳入美国后,就不再是印第安

---

① Duane Champagne, ed., *Chronology of Native North American History*, Detroit, MI: Gale Research Inc., 1994, p.259.

人,而是一个"印第安裔美国人",必须"遵从白人的方式,如果他们愿意,就会相安无事,一旦势非得已,就只有强迫……"①这是对美国政府将印第安人公民化最终用意的最好概括。

(四)美国政府还与民间互动合作,通过教育、语言、文化、宗教等措施及一系列社会政策,试图根除印第安人的族群意识和部落认同,培养其公民意识与美国认同

美国政府深知,印第安人的真正归化绝非打破部落制、赋予公民权那么简单,其中关键,还是要使印第安人在内在意识上"文明开化",最终在经济独立的同时,能够合格的行使公民权利,承担作为一个美国人的责任与义务。这是一项长期而艰巨的任务,不仅需要自己费心投入,还要与民间(如改革家、慈善家、传教士及宗教团体等等)互动合作,共同完成。

教育被美国朝野视为"文明开化"印第安人的"首要"工作。②美国政府首先增设了学校,并增加了投入。内战后,一种为便利同化印第安人的种族融合的义务教育系统——保留地以外的寄宿学校发展起来。法律鼓励并支持印第安人儿童走出保留地,到这些"文明的中心"去接受白人的教化,甚至终止了父母的权利。他们入学后分配到附近社区或乡村做家政,由此熟悉白人的生活方式。《道斯法案》公布后,此类"教化"驶入快车道。19—20世纪之交,印第安人事务管理局不但通过与公立学校签订合同的形式为印第安人提供教育,而且响应白人的呼吁,开始强制入学。搜捕抗拒受教育的印第安孩子成了保留地警察的一项任务,措施不外是处罚不合作的父母,以及严密看管在校学生(有的学校规定印第安学生放假不许回家,还有的把窗户钉死,以防学生逃跑)。到20世纪初,在保留地大多数中心地带,都设立了寄宿学校。

① Jack D. Forbes, ed., *The Indian in America's Past*, Englewood Gliffs, NJ: Prentice-hall, Inc., 1964, p.114;[美]沃什伯恩:《美国印第安人》,陆毅译,商务印书馆,1997年,第255页。

② [美]沃什伯恩:《美国印第安人》,陆毅译,商务印书馆,1997年,第254页。

20世纪30年代大多数保留地又设立了走读学校。①与此同时,相应拨款也有大幅提升。1877年,政府的印第安人教育拨款仅约20000美元,1890年就涨到了1364568美元,1929年则为4922325美元。②

至于教育的目标与内容,1887年,印第安人事务管理局局长阿特金斯(J. D. C. Atkins)发布的报告指出:教育印第安人的主要目标,就是要使他们能以英语阅读、写作、说话,以便能与说英语的人办事。报告还说,只有通过英语媒介,才能让印第安人熟悉宪法和法律,明白他们的权利与义务,"没有比语言更能确定而完美地将一种国族特性(a national characteristic)牢固植入一个个体的了……除非使他们说同样的语言,在此基础上灌输与此相关的责任意识,否则,就不能在不同的人们之间建立起共同体或集体的情感"。为此,报告重申保留地的各类学校必须"严格执行"此前发布的各项政令。其中,1887年2月2日的政令堪称典型:"此规定适用于印第安人保留地所有学校,无论其为公立或是教会学校。印第安人土语教育不仅对他们毫无裨益,而且将损害他们的教育和文明。保留地各校只能以英语施教,不得采用印第安人土语。"当然,为同时便利基督教的传播,报告郑重其事地额外声明:以土语向印第安人传播福音,当不在禁止之列。这种种主张、规定,得到了各学校的热烈响应。它们采取了更多、更为花样翻新的同化措施,如给学生取英文名,以替代难以拼读的印第安名;规定学生所有正式和临时谈话都必须使用英语;强迫学生接受传教并服从基督教安息日等。课堂引导印第安人学生熟悉美国宪法及白人国父们的历史是必然的事,为吸引年轻学生,还

① Joseph S. Roucek & Bernard Eisenberg,eds.,*America's Ethnic Politics*,Westport,Connecticut:Greenwood Press,1982,p.58;李剑鸣:《美国印第安人保留地制度的形成与作用》,《历史研究》,1993年第2期。

② Henry Dennis,*The American Indian(1492–1976)*,Dobbs Ferry,NY:Oceana Publications,1977,pp.157–158.

引进了垒球、多米诺游戏等白人青年喜欢的体育竞赛项目。①

教育是强制同化政策的集中体现，其他各方面措施与相关社会政策还应有尽有。如创办印第安人杂志，鼓励成立印第安人权利组织，禁止并革新部落的渔猎生活，加强补助和社会保障之类。甚至还有禁止印第安人保持原有"野蛮习俗"及节日、舞蹈，颁发"剪发令"，鼓励穿"公民服装"等名目，不一而足。②

事实证明，这一时期美国政府对印第安人的同化政策，不仅是要打破其旧的部落及其认同，而且是要赋予其新的公民身份并建立新认同；不仅注重于为印第安人的美国化寻求外在政策上的突破，而且致力于培养其内在的公民意识；推出的措施不仅相当之系统全面，而且带有明显的强制性。1890年，一位印第安人事务管理局官员说："政府的既定政策就是拆分保留地，毁灭部落关系，使印第安人定居在他们的份地上，将他们吸纳进入国民生活，不再拿他们当国家（nations）、部落或帮派对待，而是视其为个体化的公民。"③这是对强制同化政策手段与目标的精练概括。

三、强制同化政策的困境与结果

以人民同质化的城邦作为政治理论建构的基础与预设，是西方政治思想史的传统。而在法国大革命后，经由国家主权学说与人民主权学说的结合，这个传统得以继续发展，并开始流行于世界。后人从中总结出一种所谓的"国族主义经典或古典理论"，还提纲挈领地将其概括为"一个人民，一个

---

① 主要参考 Camilla Townsend, ed., *American Indian History: A Documentary Reader*, The Atrium, Southern Gate, Chichester, West Sussex(UK): Willy-Blackwell, 2009, pp.154–166. 也参考了 William T. Hagan, *American Indians*, Chicago: The University of Chicago Press, 1979, pp.121–150; [美]詹姆斯·马丁等:《美国史》(上册)，范道丰等译，商务印书馆，2012年，第677页。

② 详见[美]沃什伯恩:《美国印第安人》，陆毅译，商务印书馆，1997年，第239~244页。

③ Harold E. Fey & D'Arcy McNickle, *Indians and Other Americans*, NY: Harper and Row, 1959, p.75.

国族，一个国家"的简明公式。①美国是西方政治文明的继承、发扬者，显然也深受这一传统的影响。

"由于（在自由主义中）个人有着根本的道德地位，并且由于个人应该作为平等的个体受到政府的平等尊重，故而自由主义者会要求每个个人都享有平等的权利和资格"，这就"似乎没有给集体权利的观念留下任何空间"，因此"在自由主义理论中，个体权利和集体权利不可能竞争同一道德空间"。②自由主义者常常相信，只要个体权利有了可靠的保障，再赋予少数族群或少数民族及其成员以其他特殊权利，也就成为不必要的了。③以自由主义立国的美国，对这套逻辑自然再熟悉不过。

同时，最初到美洲的那些英裔殖民者还从母国那里继承了他们对自由的看法。"不列颠的自由带有民族主义的色彩，通常还充满了对外国人的仇视。"受其影响，早期殖民者建立美国后，也和母国一样，相信自由只是所有不列颠及其后裔的共同传统，他们的国家才是"世界上的自由储藏地"，而世界上几乎所有其他国家都处于被奴役的状态——"不是为教皇、暴君，就是为野蛮所统治"④。从盎格鲁-新教文化（内容包括"英语；基督教；宗教义务；英式法治理念，统治者责任理念和个人权利理念；对天主教持异议的新教的价值观，包括个人主义，工作道德，以及相信人有能力、有义务创建尘世天堂"等）中，他们发展出的所谓"美国信念"⑤，刚开始也只与特定的人群相联

① 参见朱伦：《西方的"族体"概念系统——从"族群"概念在中国的应用错位说起》，《中国社会科学》，2005年第4期；朱伦：《走出西方民族主义古典理论的误区》，《世界民族》，2000年第2期；[英]海伍德：《政治的意识形态》，陈思贤译，五南图书，2009年，第148~149页。

② [加拿大]威尔·金里卡：《自由主义、社群与文化》，应奇、葛水林译，上海译文出版社，2005年，第134~135页。

③ [加拿大]威尔·金里卡：《多元文化的公民身份——一种自由主义的少数群体权利理论》，马莉、张昌耀译，中央民族大学出版社，2009年，第3页。

④ [美]方纳：《美国自由的故事》，王希译，商务印书馆，2002年，第26~27页。

⑤ [美]亨廷顿：《我们是谁？——美国国家特性面临的挑战》，程克雄译，新华出版社，2005年，第2页。

系,并不适用于所有的种族和族群。①美国后来以其政治自由与经济机会,显示出对移民的巨大吸引力,这就更加支持并加重了他们的民族优越感。先后流行于美国的天定命运论、文化进化论和社会达尔文主义等思想,既是其自我优越感的呈现,也成为他们排外或同化别人的工具。②

总之,由于诸如此类观念的限制,美国过去不仅长期对那些被认为是不可同化或有害的群体,或拒绝入境,或设法排斥,或控制性地进行隔离;而对那些获准加入美国的其他种族、族群,也往往采取强有力的同化、分散政策,绝不承认少数民族、族群的集体权利,也不曾设想后来会出现、要承认,甚至不得不解决好异质文化共存的情况。③

因此,从表面上看,19世纪70年代之前美国的排斥印第安人,与之后接纳他们但同时辅之以强制同化政策,似乎是两种截然不同的办法。但深究起来,其实它们背后的思路是一样的。当美国认为印第安人不可同化,或没有条件同化时,印第安人尚能保持最少是名义上的独立与自治;一旦美国认为同化的时机成熟,印第安人就再也不可能延续过去的生存状态了。传统自由主义对人民同质化的假定与坚持,对少数民族集体权利的否定,及其对异质文化的不宽容,使得印第安人以部落为单位的集体性生产生活方式要么只能保留于美国政治系统之外,要么将惨遭剿杀于美国政治系统之内。除非传统自由主义的思路得到改变,否则难有例外。

显然,论实力,白人社会在各方面均远远超出印第安人。他们相信,奉行

---

① 如在美洲最初的那些殖民者当中,西班牙人、法国人常常并不反感与北美土著人通婚,甚至因此而使自己本地化;相比之下,"英国人不同,他们固守祖先的观点、风俗和一切习惯",因而很少产生与土著人通婚与混血的意愿,英国人与印第安人往往互为他者,视对方为外人。参见[法]托克维尔:《论美国的民主》(上册),董果良译,商务印书馆,1988年,第384~385、394~395页。

② [美]方纳:《美国自由的故事》,王希译,商务印书馆,2002年,第195~198、270~272页。书中还质疑了美国属于公民民族主义模式这一说法,参见该书第70~71页。

③ 美国这样做,除观念原因外,还有其他政治、经济等方面的实用主义考量。为了论述效果更集中,本书暂不讨论其他原因。

自由主义,就是自己变得富有和强大的源泉;而以此类推,否定印第安人的集体权利,对之加以自由主义改造,也肯定不是什么坏事。在他们看来,只要将自由主义规则成功地推广、移植于印第安人社会,哪怕是强迫性的,最终也将给印第安人带来前所未有的福音。因此,强制同化政策绝非一小撮政客灵光一闪的产物,而是传统自由主义思想根深蒂固的美国朝野上下(绝大多数印第安人当然除外)一致呼声的结果。在那个年代的白人社会里,无论是动机高尚的改革家、慈善家,还是庸俗卑鄙的投机客、采矿商(他们需要印第安人的土地与资源),无论是政府机构、军方人士还是民间组织、私人,无论是印第安人的朋友还是敌人,甚至包括一小部分印第安人在内,出于各种各样的目的,都对强制同化政策寄予厚望,坚信它既代表了印第安人的未来,也完全符合白人自己乃至美国的根本利益。

相应地,在白人主流社会看来,保留地就是印第安人的"露天集中营"和"乡村贫民窟",①它"阻碍文明并且孤立印第安人,否认正义要求赋予他的所有权利……是一个毫无希望的错误……不能修正或纠正……只能从根、枝到叶彻底拔除,代之以一种新的制度"②。所以不论印第安人愿意与否,都要取消其部落主权,拆散保留地,瓦解部落,赋予公民权,进而将印第安人改造为一个个按白人自由主义方式生活的真正的美国公民,以使其获得现在还不能享有的"机会与安全"③,赢得更大空间,"迎来真正而持续的发展"④,尽早融入主流社会,从此一劳永逸,达成对印第安人问题之根本解决。印第安人事务管理局局长阿特金斯因此而振振有词地质问:"迫使印第安人放弃剥头盖皮的刀子和战斧,对他们难道是残忍的吗? 迫使他们放弃那些自我摧残

---

① Theodore W. Taylor, *American Indian Policy*, Mt. Airy, Maryland: Lomond Publications, Inc., 1983, p.3.

② James S. Olson & Raymond Wilson, *Native Americans in the Twentieth Century*, Urbana and Chicago: University of Illinois Press, 1984, p.64.

③ [美]沃什伯恩:《美国印第安人》,陆毅译,商务印书馆,1997 年,第 251 页。

④ Angie Debo, *A History of the Indians of the United States*, Norman: University of Oklahoma Press, 1970, p.299.

肉体的舞蹈和折磨人以致死去的邪恶而野蛮的太阳舞,难道是残忍的吗?迫使他们让自己的女儿接受教育和按这个国家的法律结婚,不致在小小年纪便以规定价格卖为小妾去满足那愚昧与野蛮的欲望,这对印第安人难道也是残忍的吗?"①而在按个人分配土地的问题上,一个印第安人政策独立咨询机构(美国印第安人事务委员会)不光自我声明:"年复一年,本委员会的委员们愈益确信,没有任何一项立法措施能比通过这一法案会使印第安人感到普遍满意,或者产生更好的效果",而且在 1881 年年度报告中还称:"印第安人自己一直坚决要求这一立法,但议会对他们的呼声充耳不闻。"后面这种"民意",当然主要出于臆测、伪造甚至是强加(虽然也确实存在一些接受个人主义的印第安人首领攻击部落及保留地),但它真实地反映出当时白人主流社会的想望。②因此,在强制同化政策作为灵丹妙药推出后,乐观主义情绪弥漫整个朝野,也就不意外了。当时的公众舆论压倒性地认为,印第安人正由此而成为一个"消失中的种族";它们将像欧洲移民群体一样,经过若干代人,就能在合众国这个"大熔炉"中充分美国化。③

事实很快证明了这种乐观情绪④来源的虚妄。在实施过程中,强制同化政策遇到很多理论或实际上的难题,这既是白人主流社会没有预料到的,也

———————————

① 李剑鸣:《文化的边疆——美国印第安人与白人文化关系史论》,天津人民出版社,1994 年,第 76 页。

② [美]沃什伯恩:《美国印第安人》,陆毅译,商务印书馆,1997 年,第 252、265 页。

③ William T. Hagan, *American Indians*, Chicago:The University of Chicago Press, 1979, p.150;Evon Z. Vogt, "The Acculturation of American Indians", in Roger C. Oven, et al., eds., *The North American Indians: A Sourcebook*, Toronto, Ontario:The Macmillan Company, 1967, pp.636~637.《印第安人兴衰史》(The American Indian Frontier)一书虽然产生于强制同化政策结束前夕,但仍然很有代表性地透露出这种乐观。参见 W. C. Macleod:《印第安人兴衰史》,吴泽霖、苏希轼译,商务印书馆,1947 年,第 447 页。

④ 当然,在这种普遍乐观的情绪中,也有一些悲观或反对的微弱声音,它们主要来自于民族学与人类学界的一些学者。科罗拉多参议员亨利·特勒曾预言,《道斯法案》通过后三四十年内,印第安人就将丧失他们的土地。他因此将法案草案称为"掠夺印第安人土地、使其成为流浪汉的法案"。他还说,如果人们了解印第安人的性格、法律、道德和信仰,那么他们就不会再为这个法案如此卖力。参见 [美]沃什伯恩:《美国印第安人》,陆毅译,商务印书馆,1997 年,第 258~259 页。这种看法与(转下页)

难以克服的：

第一，在道义原则上，强制同化政策因其种族歧视的实质，无视弱势民族的尊严与主体性，没有民族人格平等的观念与胸怀，所以只会破坏印第安人与白人之间的互信、合作，最终阻碍其顺利融入主流社会。

无论用意多么良好，对印第安人的强制同化本质上仍然是一种制度化的种族歧视，或者像有些学者所说的那样是一种"内部殖民主义"①。在印第安人与白人之间原有的利益、关系协调机制已经不可能持续的背景下，它正式开启了印第安人的公民化和美国化进程，这本不失为一种可行的尝试，如果不具有强制性的话。可惜白人主流社会过于自负，他们完全没有将印第安人的意愿与尊严考虑在内，或者认为这些值得考虑。他们强迫印第安人接受一种据称是程度更高的异质文化，并极力声称这完全是为印第安人自己的利益着想，还许诺了美好的前景。但事实上，印第安人却被他们置于屈辱的境地，不但被贬为没有自理能力的人，接受非其所愿的强制性安排，还从被贸然推进主流社会的第一天起，就沦为次等公民。

早在 19 世纪 30 年代，托克维尔考察美国大陆时，就发现了那些先行一

（接上页）不少民族学与人类学学者不谋而合。通过广泛的田野调查与实例研究，这类学者中往往有不少人更能理解印第安人文化及其与白人主流文化之间的差异，因而更易于摆脱教条主义和文化自大感的束缚。人类学的先驱刘易斯·摩尔根就因此而预见到了土地分配政策的后果。《道斯法案》通过前，他建议美国政府不要采用这样的政策，因为它"除了给印第安人部落带来灾难以外，不会有什么好结果"。他引之前分得土地而迅速丧失殆尽的堪萨斯肖尼人为例，预言：在这类事情上，印第安人将在很长时间内都完全不能平等地与白人打交道，他们分得可以出售的土地后，将在一个极短时间内"就会卖掉每一英尺土地，以致无以为生"。参见［美］摩尔根：《美国土著的房屋和家庭生活》，李培茱译，中国社会科学出版社，1985 年，第 84 页。另一类人类学家赫伯特·斯平登则在美国赋予印第安人公民权时预言：印第安人只能获得一些"含糊的权利"，而给其他一些人带来"更大的利益"。转引自李剑鸣：《美国土著部落地位的演变与印第安人的公民权问题》，《美国研究》，1994 年第 2 期。所有这些，后来均不幸言中。

①　C. Matthew Snipp, "The Changing Political and Economic Status of the American Indians：From Captive Nations to Internal Colonies", in *American Journal of Economics and Sociology*, 1986, 45：145-157；Robert K. Thomas, "Colonialism：Classic and Internal", in *New University Thought*, 1966, 4(Winter)：37-44.

步"开化"的印第安人进入白人社会阶梯后面临的生存困境。由于文明形态的差异与起点的不公平,他们根本无法与白人竞争,因而也就不可能在这个"被知识和财富统治的社会"中立足,"刚刚走出野蛮民族的生活苦海"的他们,"又陷入了走向开化的民族的更加悲痛的深渊"。①强制同化政策不过是把当时这种个别、偶然现象,变成印第安人现在的普遍命运罢了。一个人是否成为公民不应该只停留在法律规定、政府措施和宣传口号上,而应体现于他的真实地位和日常生活感受之上。向来自尊的印第安人,如果从主流社会的新政策那里,得不到最基本的尊重,收获的只有自卑和屈辱,那么他不信任这种政策代表了他的利益,进而不信任主流社会,甚至迁怒于主流社会中的每一个无辜者,当然也就不能说全无理由。这样的情势下,还谈什么融入主流社会呢!

第二,在工具效应上,强制同化政策不能替代民族融合所必需的长期过程,解决不了弱势民族在短期内顺利适应主流社会的问题,它只会使印第安人在主流社会中更加边缘化,并加剧印第安人与白人之间的文化冲突,导致印第安人的身份危急,甚至刺激其强烈的民族主义。

民族融合也好,文化同化也好,总是一个漫长的过程。虽然不免有人为的因素,但总以自主选择、自然同化并逐步达到相互适应为宜。殖民地时期有部分印第安个人或家庭离开部落,定居于白人社区,还有一些部落主动学习白人(如易洛魁人吸纳白人文化以复兴部落,切罗基人模仿白人的生活方式和政治组织,甚至"在他们全体还过着裸体生活的时候就出了一份报纸"②),就属于这种情况。强制同化政策以官方系统性的激进主义战略替代这种自

---

① [法]托克维尔:《论美国的民主》(上册),董果良译,商务印书馆,1988年,第386~387页。

② See Evon Z. Vogt, "The Acculturation of American Indians", in Roger C. Oven, et al., eds., *The North American Indians: A Sourcebook*, Toronto, Ontario: The Macmillan Company, 1967, pp.637~638;李剑鸣:《文化接触与美国印第安人社会文化的变迁》,《中国社会科学》,1994年第3期;[法]托克维尔:《论美国的民主》(上册),董果良译,商务印书馆,1988年,第383~384页。

愿、自然的同化,本意是想加快融合进程,争取印第安人问题之根本解决,但结果却证明是适得其反的。

历史上,印第安人的主要生产生活方式是渔猎和采集,他们对精细、有规律而且要求定居的农耕生活是缺乏耐心、能力和好感的。其群体(部落)本位传统及财产共有观念,更与美国主流社会流行的个人主义及私有制观念格格不入。在白人社会日益扩张的形势下,部落和保留地就成了他们最后的保护者和避风港。强制同化政策结束了这一切,却没有让印第安人看到更好的未来。他们不情愿也没有能力去适应新的社会处境和生活方式,一下子感到惶惑、手足无措。这些可怜的人,原来的传统和能力足以使他引以为傲,现在却全成了包袱。原来的处境已经足够糟糕(但还不是最坏①),现在要被变作"印第安裔美国人"了,却发现面对的是从政治地位到社会、文化处境的更为恶劣的全面边缘化。对他们中绝大多数人来说,所谓主流社会,不过是一个陌生而残酷的所在,他们不可能与白人开展"平等的"竞争,因此也就根本不存在什么"更多的机会"和"更大的空间"。他们对主流社会的疏离、隔阂与不信任感,化为行动上的躲避和随波逐流。1901 年,印第安人事务管理局局长W. A. 琼斯就已经将强制同化教育政策视为"完全失败的记录",因为三十余年来的高额教育投入,完全没有改变大多数印第安人待在保留地里,其生活和子女教育都像以前一样依赖政府的状况。他们根本没有接受"文明"的生活方式,达到稍稍的自立。②

不仅如此,强制同化政策还空前加剧了印第安人与白人之间的文化冲突。由于政策本身是非正义的,而它又试图在如此短的时间里强迫印第安人充分公民化和美国化,所以冲突的双方根本得不到足够的时间和机会磨合、调试、

① 虽然当时印第安人被挤压禁锢到狭窄的保留地中,但这一制度也至少还"标志着承认印第安人有权生活,有权保留他们赖以生存的土地和资源",参见[美]沃什伯恩:《美国印第安人》,陆毅译,商务印书馆,1997 年,第 222 页。

② [美]沃什伯恩:《美国印第安人》,陆毅译,商务印书馆,1997 年,第 256 页。

适应,他们之间的冲突也就不仅不会纾缓、化解,反而很难不以粗野甚至暴戾的形式集中释放。文化冲突首先体现在这一时期接受了主流社会规则的部分印第安人身上。他们的悲惨命运并没有因此而改变。因为身负两种文化,他们往往既为白人社会所歧视、排挤而不能立足,也不能见容于部落,因此成为所谓文化夹缝中的"边缘人"。福克斯人中流传着一个改宗基督教的印第安人的故事,深刻地揭示了这种尴尬。这个人死后,灵魂既不被印第安人所接受,因为他是基督徒;也不为天堂所收留,因为他是印第安人;遭遇这一切后,他复活了,于是发誓永远只做印第安人。①这是对现实状况中这一类印第安人身份危急的真实写照。另外,这些接受"文明社会"新规则的人,还往往聚合成"开化派",与部落中的"保守派"发生派系争论和矛盾,严重时甚至引发内战。②

在另一些印第安人中, 则出现了颇具影响而更为极端的几种拒斥"文明"生活方式的宗教-社会运动。它们往往都带有浓厚的印第安部族、民族复兴意识。其中,太阳舞教运动主要借助于部落的传统仪式,表达印第安人在白人控制的社会中听天由命的无奈及对社会幸福的向往。鬼神舞教则提出复古的主张,更寄希望于超自然力量来消灭白人、拯救印第安人。这种教义被有些部落理解为消极顺从,而在勇悍的苏族人那里,却化为一种积极行动的反抗哲学。最后,美国政府禁止了他们的宗教活动。1890 年,还因此爆发了臭名昭著的翁迪德尼大屠杀。还有一种提出"和解的宗教"的佩奥特信仰运动。它吸收美国的个人主义及基督教思想,一定程度上适应了主导地位的白人文化,但仍大力鼓吹印第安公有社会的一系列价值观念,以与传统不一样的形式保持了印第安人的信仰与自豪感。所有这些运动的产生与兴起,其实

---

① Peter Nabokov,ed.,*Native American Testimony:A Chronicle of Indian-White Relations from Prophecy to the Present,1492-1992*,NY:Penguin Books,1991,p.57.

② See Joseph S. Roucek & Bernard Eisenberg,eds.,*America's Ethnic Politics*,Westport,Connecticut:Greenwood Press,1982,p.53.

主要都来自于印第安人在白人社会的压力下处境日益恶化的反应与努力。①印第安人不但没有被白人社会同化,反而在竭力地抗拒。原先各自为政甚至互为世仇的各部落,由于强制同化政策为他们提供了相互了解、交流的机会(如走出保留地,共同进入白人办的寄宿学校等),更由于共同的遭际和休戚与共的前途、命运,因此增强了共同体意识,泛印第安人运动在他们当中慢慢兴起,后来蔚为大观。②

第三,在实施过程中,强制同化政策无疑赋予了支配群体一种不受限制的绝对权力,这就无法防止和避免权力的滥用,致使政策蜕变为其国家机会主义与个人机会主义的工具。

防止绝对的权力导致绝对的腐败,是美国宪政的一大基本原则。但强制同化政策旁逸斜出,试图成为其中的例外。美国主流社会内部是绝不信任独断权力和恩赐自由的,但对那些被拉到主流社会门槛上的印第安人,他们却独独寄希望于自己的皇恩浩荡。正如他们相信仁慈的帝国主义是所谓文明人对野蛮人的特权一样,他们也相信在国内种族与族群政治中,"文明"支配群体享有绝对权力的结果不是绝对的腐败,而是"野蛮"弱势群体的解放和文明化。换言之,他们以为权力导致腐败的政治铁律将产生例外。

然而这会是事实吗?特权诱惑的实际结果,不是缓解,而是加重了白人在处理印第安人事务上的轻率与傲慢。这些"文明人",在处置印第安人时就有了更为冠冕堂皇的理由,轻则指手画脚,肆意评点,纵然偶有佳评,也因其态度恶劣而被败坏无余;重则巧取豪夺,拳脚相加,"消灭其肉体,以拯救其灵魂",甚至说出"只有死了的印第安人才是好的印第安人"之类嚣张言论。③例外根本没有产生,也不会产生。权力对人性的腐蚀,在种族与族群政治中的表现,同样

---

① 参见[美]沃什伯恩:《美国印第安人》,陆毅译,商务印书馆,1997年,第231~239页。

② William T. Hagan, *American Indians*, Chicago:The University of Chicago Press, 1979, p.150.

③ Wayne Moquin & Charles Van Doren, eds., *Great Documents in American Indian History*, New York:Praeger Publishers, 1973, p.106.

一至于斯！而变本加厉的是，不但是代表主流社会的政府，连这个社会里的每一个白人，都有可能成为骑在印第安人头上的暴君！绝对权力的诱惑，将导致公器沦为国家机会主义和个人机会主义的工具，而印第安人则成为牺牲品。

白人的机会主义在他们对印第安人土地的贪婪中一览无余。《道斯法案》出台时，其推动者和冠名人马萨诸塞州参议员亨利·道斯曾为法案辩护，说它的分田到户，纯粹是在贪婪的白人夺去部落所有土地前，为印第安人挽救一点财产而做的努力。这一说法得到了克利夫兰总统的支持。总统在签署法案前，还称许道斯："白人对印第安人土地的饥渴，有如他（道斯）对正义的饥渴。"①然而这部有意限制土地投机的法案，通过的结果恰恰是为白人土地投机商们大开方便之门。按《道斯法案》条令，那些"剩余的土地"很快被白人抢购一空；而分配给印第安人家庭的大部分土地，也因他们普遍不善农业经营、没有财产私有观念、不少人因希望幻灭染上酗酒等恶习，特别是失去部落保护等原因，最终轻而易举地被白人社会所攫取。仅就 1907—1908 两年中得到土地特许证的印第安人中，卖掉土地并将收入挥霍一空的就占了六成。②另据统计，1887—1930 年间，印第安人共损失近三分之二（约 9000 万英亩）的土地。其中约三分之一，就是法案规定分配给印第安人个人并由政府托管 25 年的土地（1887—1934 年间被白人买走 2700 万英亩，约占被分配土地总额的三分之二）。后来，连联邦政府也忍不住要从中分一杯羹了。它将土地转给白人时，甚至要求印第安人部落承担丈量和分配的费用。这就彻底败坏了《道斯法案》的声誉。因它事实上促成了对印第安人最后的土地倚仗的剥夺，所以被称为"公众受骗的里程碑"③。

① William T. Hagan, *American Indians*, Chicago：The University of Chicago Press, 1979, pp.141–142.

② ［美］沃什伯恩：《美国印第安人》，陆毅译，商务印书馆，1997 年，第 259 页。

③ D'Arcy McNickle, "Indian and European：Indian–White Relations from Discovery to 1887", in Roger C. Oven, et al., eds., *The North American Indians：A Sourcebook*, Toronto, Ontario：The Macmillan Company, 1967, p.635；William T. Hagan, *American Indians*, Chicago：The University of Chicago Press, 1979, pp.149–150；［美］沃什伯恩：《美国印第安人》，陆毅译，商务印书馆，1997 年，第 243 页。

不承认种族、族群集体权利和不宽容其文化多样性的传统自由主义,显然缺乏足够的理论与实践准备去应对印第安人问题。和那些本身信服自由主义、希望融入美国或被迫成为附庸、不存在聚居实体、没有自己的国族认同诉求的种族、族群不同,印第安人及其部落往往是非自由主义、没有加入美国意愿、一直过着群体生活并聚居,而且在历史上还长期自治,甚至提出过自己的国族认同的。对他们实施强制同化,无论是道义上的挑战,还是技术上的难度,都是空前的。遗憾的是,美国主流社会及其政府对此并无预料。因此,强制同化政策不但没有达到既定的战略目标,反而给印第安人造成巨大的灾难,并非偶然。它没有使印第安人得到更多机会和更大空间,反而加重了他们的悲惨遭遇,使其更易成为白人机会主义的牺牲品;没有将印第安人真正意义上的公民化,反而扩大了其与主流社会的差距,增加了其疏离、隔阂与不信任感;没有缓解和消除印第安人与白人之间的文化冲突,反而导致了印第安人的身份危机,刺激了其民族主义。印第安人得到的只是他们并不想要的美国公民身份,却没有接受白人的生活方式,成为自立、自由的公民,反而沦为了美国社会中最失败、最底层的无业游民,承受着更严重的剥夺与更悲惨的命运。正如著名历史学家亨利·斯蒂尔·康马杰等人所说,由于强制同化,"美国历史上最卑劣的事情之一……发展到登峰造极的地步,这也许是印第安人最不幸的阶段"[①]。传统自由主义并没有像它在解决白人社会其他问题时一样奏效,它在印第安人事务上遭遇了滑铁卢。

强制同化政策正式开启印第安人的公民化和美国化进程,本意在于走出一条适应时代变化的新路。从统一民族国家建构的内在要求及民族、文化交融与融合的世界大趋势来看,这本来无可厚非。不过,这并不意味着不需要探索更丰富的政治智慧、实施更人道的政策安排。20 世纪 20 年代开始,由于印第安人各种形式的反抗、白人社会的自我反省,以及更具远见卓识的政

---

① [美]沃什伯恩:《美国印第安人》,陆毅译,商务印书馆,1997 年,第 2 页。

治家的努力,联邦政策终于开始改弦更张。1934 年的《印第安人重组法》正式宣布强制同化政策失败的同时,还推出了新政策。新政策致力于治标(如以更人道的方式对贫困中的印第安人开展救济、援助),但更致力于治本。它承认印第安人已经是美国公民等现状, 且增加了不少顺应现代社会的新安排①,但主要的思路,还是在对其作出更大经济扶持的同时,重新给予印第安人管理自身事务的自主权,再次发挥部落的自治作用,并强调尊重印第安人的文化传统。新政策赞同渐进而"自愿"的同化,对之前强制性的英语教育作出反思,尝试替代以双语教育;停止将印第安人"个体化"和分配、出售其土地的措施; 还援引美国过往法律, 承认并赋予主要印第安人部落更大的自治权利,恢复了美国政府与部落之间的"双边契约关系"……种种措施,因其强烈的针对性,甚至被某些仍持强制同化思路者讥为"倒拨时钟"。但是正如时人为之辩护时所说的,《印第安人改组法》不是倒退而是进步,它对印第安人部落"自治政府的权利"维护,就是对印第安人"将来的权利"的维护。②这种新政策思路,实际上已经偏离了传统自由主义。它虽称不上完美,但显然比强制同化政策更符合道义原则,更能有效地缓和与化解不同文明文化碰撞、融合过程中的矛盾冲突,尤其是更能制约支配群体的权力滥用和机会主义,因此一旦确立,即使其后有严重的反复和倒退, 也总能在大体方向上得以维持,至今仍为美国政府所采用,并在其基础上加以适时的修补和改进。

---

① 如《印第安人重组法》规定多数统治原则适用于印第安人,而不是大多数部落过去习惯的一致同意原则。See Camilla Townsend, ed., *American Indian History:A Documentary Reader*, The Atrium, Southern Gate, Chichester, West Sussex(UK):Willy-Blackwell, 2009, p.171.

② See Frances Svensson, *The Ethnics in American Politics:American Indians*, Minneapolis, Minnesota:Burgess Publishing Company, 1973, pp.27-28;Jack D. Forbes, ed., *The Indian in America's Past*, Englewood Gliffs, NJ:Prentice-hall, Inc., 1964, pp.117-120;[美]沃什伯恩:《美国印第安人》,陆毅译,商务印书馆,1997 年,第 268~269 页。

第四章　浪漫想象的悖论
——约翰·科利尔与美国印第安人新政

千年易过，旧债难还……寰宇之中，吾人心灵与本性终有一天灰飞烟灭，渺不可寻；或另求归宿，别有所骛。但吾人残躯，则只合归于此方良土——如蒙惠允——印第安人之良土。

——约翰·科利尔①

一、新问题，旧答案？

从与北美印第安人打交道的第一天起，美国白人主流社会就面临着三个方面的所谓"印第安人问题"：①经济上，如何更好地获取印第安人手中的资源，一开始主要是与之进行毛皮交易，后来集中于对其土地等资源的攫取；②文化上，如何促使印第安人进行文化转换，学习"文明的生活方式"，走出"野蛮状态"；③政治上，如何有效控制印第安人及其部落，以保证前两个问题的顺利解决。②

为解决这三方面问题，美国白人社会及其政府尝试过各种各样的方法。从最初的尊重印第安人部落主权，如同对外国政府一样以签订条约的形式

---

① Kenneth R. Philp, *John Collier's Crusade for Indian Reform*, Tucson, Arizona: The University of Arizona Press, 1977, p.236. 这是约翰·科利尔去世前请求塔奥·普韦布洛(Taos Pueblo)部落允许他们夫妻死后安葬于其境内的信。科利尔之了解印第安人，始于此部落。

② Stephen Cornell, *The Return of the Native: American Indian Political Resurgence*, NY: Oxford University Press, 1988, pp.6–7.

处理联邦与诸部落的关系(主要用于政治结盟、土地购买等);到19世纪30年代联邦最高法院将部落降格为美国的"国内附属民族(domestic dependent nations)",视之为合众国的被监护人;同时政府开始迫使东部的印第安人大规模往西迁移,随后设立有着隔离与同化双重功能的保留地;当然,整个过程中还时不时伴随着野蛮残忍的种族灭绝与屠杀……最后在各个方面,印第安人均不可避免地落入劣势。不过,由于双方力量对比失衡存在一个过程,而广袤的北美西部又有着强大的消化功能,使得所谓"印第安人问题"的解决显得并不急迫,加之此时美国政府的政策思路往往并不稳定连贯,甚至常常自相矛盾,所以,双方冲突上百年,问题仍旧是老问题。

大约从西进运动接近尾声的19世纪70年代开始,羽翼丰满的美国白人社会终于觉得彻底解决"印第安人问题"的时机已经成熟。他们推进了全面系统的强制同化战略:①政治上,全面剥夺部落的主权及自治权,逐步但最终全面赋予印第安人美国公民身份;②经济上,通过《道斯法案》将原来属于部落集体的土地分配给印第安人个体,一方面试图以此摧毁保留地,破除印第安人的集体性,最终于无形之中瓦解、剿杀部落,另一方面也想促使其接受个人主义与私有制,完成向定居农业生产生活方式的转换(当然,土地等资源也由此而失去部落保护,逐步进入白人占有绝对优势的"自由市场");③文化上,政府与民间互动合作,通过同化主义的教育、语言、宗教等措施,力求根除印第安人的种族意识和部落认同,培养其公民意识与美国认同。这一系列政策,既是过去不承认异质文化权利和不宽容其文化多样性的美国自由主义的结果与运用,也是美国政府试图将自由主义规则移植到印第安人当中、对其进行"个体化改造"的一种尝试。

以人民同质化为统一民族-国家建构的基础与预设,是西方政治思想的传统;而自由主义也以个人主义、平等主义为根基,它们与尊重少数民族集体权利并包容其文化之间,确实有着内在的冲突。所谓"一个人民,一个国族,一个国家"(简称"一族一国")的古典或曰经典民族国家理论,在西方及美国产生深刻而久远的影响,实在是很自然的事情。①因此,过去美国不仅不承认少数民族的社会文化权利,也不曾设想后来要容忍甚至不得不解决好不同种族、族群实体与异质文化共存的情况,所以实际上它在这方面是缺乏足够的理论和实际准备的。尽管很早就有人突破完全由盎格鲁人主导美国的模式,提出所谓的"大熔炉"模式,但这并不意味着背离了它过去的狭隘传统。"大熔炉"承认构成美国的公民个体可以有不同的种族、族群背景与国家来源,还为此感到骄傲——不过,这绝不意味着它想保留或放大本国社会文化的多元性。相反,无论其要求还是结果,都是要合众为一,在背景、来源不同的人民之间,构建一种单一的民族文化与意识形态认同。毋庸讳言,这种做法本身至今仍有其合理性;但因其没有改变一族一国的本质追求(不妨视为人民同质化的美国版),所以并不能解决所有的问题,尤其是异质文化如何共处的问题。在这样的思想背景与政治框架下,无论是以前白人社会对印第安人(包括其他人种)千方百计地拒斥,还是现在转为接纳印第安人,但拿出强制同化政策严阵以待,都可以理解,均为其题中应有之义。所以强制同化时期,美国政府强硬而自信地取消印第安部落的主权与自治权利,破除其原有文化认同,其症结并非完全由于自利或恶意。他们不过是相信传统自由主义智慧的普世万能,认为它在新的政治实践中将一如既往地奏效罢了。美国白人主流社会在普遍的公民权利以外,并没有再承认什么种族与族群的特殊集体、文化权利,但截至目前,它不是运行得非常良好吗!既然如此,当然也有理由相信这种自由主义模式在印第安人中的移植与推广,将使他们从保留地、部落的集体束缚中解放出来,给每一个人带来福音。

然而事实给这种乐观主义情绪狠狠浇了一盆冷水。自由主义并没有像

① See Kenneth D. McRae, "The Plural Society and the Western Political Tradition", in *Canadian Journal of Political Science/Revue canadienne de science politique*, Vol.12, No.4(Dec., 1979), pp.675–688; [加拿大]威尔·金里卡:《多元文化的公民身份———种自由主义的少数群体权利理论》,马莉、张昌耀译,中央民族大学出版社,2009 年,第 2~3 页;朱伦:《走出西方民族主义古典理论的误区》,《世界民族》,2000 年第 2 期。

它在美国社会解决大多数其他问题一样一路奏凯、势如破竹。强制同化政策汹涌而来,最后不得不落荒而去。半个多世纪下来,连美国政府也不得不承认,这种战略在应对印第安人事务上黔驴技穷,一败涂地。这倒主要不是因为传统智慧在解决原先所谓"印第安人问题"上丝毫无能为力,而是因为它不仅没能完美而体面地解决老问题,反而制造了更为棘手的新问题:

(1)经济上,几十年下来,约三分之二的印第安人土地已被白人以各种方式攫取、买走,所以土地不再是经济问题的核心;但是如何让不能再维持旧经济生活方式的印第安人适应新经济生活方式,同时让失去部落依托与土地资源的他们走出极端贫困,避免生存状态继续恶化,成为新的问题。

(2)文化上,强行中断印第安人的"野蛮状态",诱使或迫使其学习"文明生活方式"的思路与做法,不但收效甚微,反而破坏了双方的互信,导致了更大隔阂,激化了文化冲突,刺激了印第安人的身份危机、内部分化甚至是强烈的部族主义、民族主义;如何修补新旧历史恩怨,有效缓和与化解双方文化碰撞、融合过程中的矛盾冲突,成为新问题。

(3)政治上,对印第安人及其部落的控制早已不成其为大问题(当然常常是联邦军队不时以暴力"教训"之的结果);现在的问题是,得到美国公民身份的印第安人,真的可以在完全剔除其集体权利、部落文化的情况下就变做独立、自由的美国公民,而不是白人政治魔术的牺牲品与美国社会的多余人吗? 概言之,新问题的实质与核心,就是如何让被强行纳入美国的印第安人走出极端贫困化与全面边缘化。强制同化作为罪魁祸首,过去的自由主义思路遭遇滑铁卢,说明旧方法已经走到尽头;那么新的解决办法在哪里呢?

为强制同化政策画上句号的约翰·科利尔(John Collier,1884—1968)后来回忆说:到1922年时,所有为支持与同情印第安人而奔走的人,都已经或明或暗地承认,除非将有关印第安人问题的过时哲学改头换面,并将有关印第安人事务的旧系统转向、重建,否则印第安人部落及其成员都将"在劫难逃"。他总结1922年以来,到印第安人新政开始为止,12年内有关印第安人的政策咨询、调查报告及实际行动,认为它们都希望进行如下改革:①停止对印第安人"强制性的原子化、文化上的指手画脚及行政上的专断","肯定无疑地尝试着探索如何使印第安人自己拥有永久的权力,等到赋予其选举权或重建印第安人的群体性(grouphood)之后,就将权力移交他们",总之,"新印第安人政策必须围绕印第安人生活中群体力量之潜能而建立";②改变固定死板的联邦-印第安人行政管理,根据不同印第安人的文化、经济、地理及其他多样性作灵活变通;③取消印第安人事务管理局对印第安人事务的垄断,并将其转型为"技术性的服务机构,且提供互动、评估,具有有限性,并在规则范围内活动的机构";④不能再将过去政府与部落之间的"双边契约关系"弃置不理或替代为"单边政策制定","必须复兴或重新创造一些机制(instrumentalities),以激活双边关系,逐渐发展出一种现代的可行的框架——在此框架下,部落的'群体生存空间',得由排他性的政府主导,变为由自有其完整性的美利坚同盟(the American commonwealth in its fullness)主导"。[①]这些迥异于强制同化、以强调尊重印第安人传统,尤其是复兴原来部落为主要特征的思路,后来成为约翰·科利尔等人解决新"印第安人问题"的新答案。新政的推出,不过瓜熟蒂落而已。

1933 年,科利尔被罗斯福任命为印第安人事务管理局局长。他在这个位置上一直待到 1945 年。走上前台的他,终于有机会亲自为肆虐半个多世纪的强制同化政策送终。以 1934 年《印第安人重组法》[②](以下简称《重组法》)为标志的"印第安人新政"(the Indian New Deal),采取了如下主要措施:①政治上,重新确认联邦与印第安人诸部落之间的"双边契约关系",允许部落为提高其公共福利而起草宪章(constitution),并与联邦至地方层次的政府打官

---

① John Collier, "The Genesis and Philosophy of the Indian Reorganization Act", in Richard N. Ellis, ed., *The Western American Indian: Case Studies in Tribal History*, Lincoln: University of Nebraska Press, 1972, pp.147–149.

② Indian Reorganization Act, 亦称《惠勒–霍华德法案》(Wheeler–Howard Act)。

司、谈判和进行政策协商；①授权印第安人在管理他们自己的机构中发挥更大作用,鼓励其更多参与州和本地的政治机构(《重组法》也交由每个部落自行决定是接受还是拒绝);②使印第安人事务管理局不再成为印第安人命运的独裁者,而是充当"印第安人加强文化联系、提升自我意识、得到更多就业机会树立尊严感的助手和推动者"③。②经济上,停止原来的土地分配政策,并采取措施,试图使更多的土地、资源回流到部落手中;④给予贫困中的印第安人更大力度的救助,并在救助过程中有意让部落发挥作用。③文化上,不但要求为发展印第安人教育提供更多拨款,而且强调对其开展为自己人和所在社区服务的职业技能培训,相信印第安人儿童在社区日校或保留地公立学校受教育,会比以往将他们强行送到遥远的寄宿学校,更能发挥凝聚部落并渐进同化的功效;⑤推进双语教育,以发挥其便利印第安人之间社会联系的功能,以达到渐进的语言同化⑥……

显然,新政的措施背后,也有一个中心的战略目标,那就是要恢复印第安人的自治与传统,让部落在美国社会中重新充当一个真正合法的实体,为

---

① Stephen Cornell, *The Return of the Native: American Indian Political Resurgence*, NY: Oxford University Press, 1988, p.92.

② John Collier vs. Robert A. Manners, "Divergent Views on 'Pluralism and the American Indian'", in Roger C. Oven, et al., eds., *The North American Indians: A Sourcebook*, Toronto, Ontario: The Macmillan Company, 1967, p.684.

③ Joseph S. Roucek & Bernard Eisenberg, eds., *America's Ethnic Politics*, Westport, Connecticut: Greenwood Press, 1982, pp.51-52.

④ Stephen Cornell, *The Return of the Native: American Indian Political Resurgence*, NY: Oxford University Press, 1988, pp.92-93.

⑤ John Collier, "The Genesis and Philosophy of the Indian Reorganization Act", in Richard N. Ellis, ed., *The Western American Indian: Case Studies in Tribal History*, Lincoln: University of Nebraska Press, 1972, pp.150-151; Stephen J. Kunitz, "The Social Philosophy of John Collier", in *Ethnohistory*, Vol.18, No.3 (Summer, 1971), p.220.

⑥ Jack D. Forbes, ed., *The Indian in America's Past*, Englewood Cliffs, NJ: Prentice-hall, Inc., 1964, pp.119-120.

印第安人在现代社会中的生存与发展发挥更大作用。正如科利尔本人所说：《重组法》及其相关法案、政策所做的"顶峰"（mountain-top）设计，乃是要承认两千年前就出现于美洲大陆的印第安人的群体性，是"人类与社会活力必需而永恒之要素，自今而往，与古皆然"，这就要参照传统，恢复印第安人的文化决定权。①因此，虽然新政对部落本身进行了自由主义的改造（如规定部落得采用多数统治原则，放弃过去习惯的一致同意原则）②，但其每一项措施，仍几乎都渗透了恢复部落地位、重建其功能的思路。③

　　然而这种所谓"新政"，在众多时人眼中，是否真"新"，却是个问题。因为无论其具体的政策，还是其复兴部落的根本思路，都很容易让人联想起强制同化战略出台之前，美国政府曾经使用过的尊重部落主权与自治权的一系列政策。这不是"过时的"方法和道路么?! 不同的只是，以往在美国政治结构中，部落越来越边缘化，最终在强制同化时期被政府暗地里拆散了；而现在，它不但得到了政府的承认和恢复，还在一个新的起点上被赋予了更多的使命，在印第安人政策乃至美国社会中扮演着越来越重要的角色。抚今追昔，确实容易给人造成一种似曾相识、历史倒流、不知今夕何夕的感觉。时人（当然常常是那些仍持强制同化思路或从强制同化中受益者）讽刺其为"倒拨时钟"⑤，"时光错乱"（anachronism）⑥，并非无因。为什么要以旧答案来回答新问题呢？

　　①　John Collier, "The Genesis and Philosophy of the Indian Reorganization Act", in Richard N. Ellis, ed., *The Western American Indian : Case Studies in Tribal History*, Lincoln : University of Nebraska Press, 1972, pp.151-152.

　　②　Camilla Townsend, ed., *American Indian History : A Documentary Reader*, The Atrium, Southern Gate, Chichester, West Sussex(UK) : Willy-Blackwell, 2009, p.171.

　　③④　William T. Hagan, *American Indians*, Chicago : The University of Chicago Press, 1979, pp. 156-157.

　　⑤　[美]沃什伯恩：《美国印第安人》，陆毅译，商务印书馆，1997年，第268~269页。

　　⑥　Stephen Cornell, *The Return of the Native : American Indian Political Resurgence*, NY : Oxford University Press, 1988, p.92.

二、科利尔对印第安人部落的浪漫化

强制同化政策的推出与实施，是美国白人社会朝野上下一致呼声的结果。而"印第安人新政"从出台到推进，却始终面临着争议。支持者固然很多，质疑者也相对不少。新政府一开始，到尔后三十余年，讨伐声一直未断。《重组法》通过后，一个忠诚拥护新政的印第安人，也是当年引领科利尔第一次了解部落文化的安东尼奥·卢罕（Antonio Luhan），甚至在劝其同胞接受它时说：由于法案符合印第安人利益，不符合白人利益，所以"我不知道有哪个白人会像作为印第安人的我本人一样，来这儿告诉你们：法案是好的"①。因为要说服听众，他的措辞不免夸张，但多少说出了白人中广泛存在的反对意见。其实，即使在那些并不认为《重组法》有损其利益的白人之中，反对者也大有人在。

最为引人注目的是，这一次在印第安人当中，也相当普遍地出现了类似于白人社会的意见分歧。多数人固然支持新政，但也有人因为害怕丧失已经分到个人名下的土地而加入反对派②，还有人则因为变得更像美国人而不像印第安人，因此产生了与白人社会中流行的反对意见类似的想法。如一个叫雷蒙·卢必迪奥克斯（Ramon Roubideaux）的苏族印第安人就认为，《重组法》虽然结束了土地分配，并取代了之前完全由白人说了算的"父权一样的政府"，但它却"创造了一个社会主义的社会，并将印第安人隔离于美利坚生活的主流，使他们成为一个问题"，这即使不是"公开的阴谋"，也是政客们企图树碑留名使然：

---

① Peter Nabokov, ed., *Native American Testimony: A Chronicle of Indian-White Relations from Prophecy to the Present, 1492–1992*, NY: Penguin Books, 1991, pp.322–323.

② ［美］沃什伯恩：《美国印第安人》，陆毅译，商务印书馆，1997年，第269~270页；Stephen Cornell, *The Return of the Native: American Indian Political Resurgence*, NY: Oxford University Press, 1988, p.92.

　　《重组法》……阻止了印第安人民发展与独立的思想。它把印第安人弄成了一个问题……让他们自己感觉到低人一等，没有能力参与竞争。因此整个系统都强调印第安人为争取整体利益的整体行动，而不是像我们美国系统一样指向个体化私营企业……其错中之错更在于将印第安人打入另册，指定他是一个问题，让他觉得自己是个问题，不许反叛，不容印第安人表达任何独立思想，奖励一同做事的人，将其提携为要人，而全盘窒息印第安人民的独立思想与创造力，给他们制定不一样的法律，创立不一样的政府……这些印第安人从来没有制定过政策；他们从来不会进行创造性的思考。他们做的所有事情，都依附于政府的羽翼之下；就像有钱孩子跟着有钱爸爸一样。所有的事情都已经为他设计好了，他自己从来没有为此动过脑子。①

　　这样的批评出自印第安人之口，并不完全是美国化教育的结果，也不能简单地视为强制同化思路的应声虫。这些人往往已经接受个人主义观念，在美国社会中成功地获得了私有财产，并且希望别的印第安人也像他一样自助自立。他们不愿意回到部落，担心新政会损害其个人经济成功，进而妨碍所有印第安人像他本人那样获得更多的机会。这就不难理解为什么出现三分之二的部落批准《重组法》，而拒绝它的部落也不在少数的现象（包括全国最大的纳瓦霍部落）。②对那些支持、附和科利尔及其新政的印第安人，有人甚至怀疑他们被收买，或纯粹是因为害怕丢失工作而这样做，并非真心赞同

---

　　① 　Peter Nabokov, ed., *Native American Testimony: A Chronicle of Indian-White Relations from Prophecy to the Present, 1492–1992*, NY: Penguin Books, 1991, p.325.

　　② 　《重组法》在今天的印第安人当中已经基本上不再有争议。See Stephen Cornell, *The Return of the Native: American Indian Political Resurgence*, NY: Oxford University Press, 1988, pp.93, 240.

新政。①

总之,新政在质疑声中出台,又在质疑声中前行。它能够坚持下去,肯定有其不得不然的理由:①强制同化政策导致印第安人的普遍、极端贫困是一个原因。以1928年《梅里亚姆报告》为代表的一系列调研资料显示,强制同化后期,压倒多数的印第安人已经陷入极度贫困,其健康条件之恶劣,其所受教育之贫瘠,其社会组织之涣散,令人震惊。②恶果一一披露,时时拷问着这个信仰基督教的民族的良心。《梅里亚姆报告》是应内政部部长要求而提出来的,说明政府也在反思。20世纪30年代初美国经济大萧条的不期而至,使形势更为逼人。②印第安人的反抗及其与白人之间冲突的加剧也是原因。处境的日益恶化,使越来越多的印第安人沉迷于带有浓厚部族意识的宗教–社会活动。这种被压迫生灵的叹息、无情世界的情感、绝望者的鸦片,既是强制同化政策无能与破产的证明,也成为迫使人们反思的契机。如1890年联邦军队在翁迪德尼屠戮印第安人妇婴之类的武功,更容易迫使人们去认识问题的严重性和反思的必要性。③一些以人道主义援助、政策革新为目的的组织先后成立,他们虽然主要由白人控制、运作,但在帮助印第安人维权、推动新政上也做出了很大贡献。③当20世纪20年代印第安人事务管理局指责

---

① 当然,还有因为其他理由反对新政的,如此处提到的怀疑者,就觉得新政的承诺还远远不够,部落应该像过去一样拥有自主权利和签订条约的权利。See Peter Nabokov, ed., *Native American Testimony: A Chronicle of Indian-White Relations from Prophecy to the Present, 1492–1992*, NY: Penguin Books, 1991, pp.324–326, 329。还有人则是因为传教士成功地使他们接受了基督教。See Francis Paul Prucha, *Indian Policy in the United States: Historical Essays*, Lincoln: University of Nebraska Press, 1981, pp. 234–248.

② Lewis Meriam & Associates, *The Problem of Indian Administration*, Baltimore: John Hopkins Press, 1928, pp.3–5.

③ 最有名的组织是美国印第安人保护协会(American Indian Defense Association)。科利尔与其合作,推动了几次著名的为印第安人维权的行动。See Lawrence C. Kelly, *The Assault on Assimilation: John Collier and the Origins of Indian Policy Reform*, Albuquerque: University of New Mexico Press, 1983, pp. 213–293.

印第安人的宗教仪式不符道义、有害身心而且浪费时间，试图像以前一样禁止它时，它发现自己既受到印第安人的抵制，也遭到了白人改革组织的反攻。①种种事实证明，强制同化政策引起了人们持续升温的反对和反思。联邦政策已经到了必须有所改变的时候。

　　然而这只是新政的一般背景。新"印第安人问题"的解决，最后以复兴、重建部落为主要思路（而不是别的什么思路），还有更大的社会背景与更深的思想渊源。它的直接来源是印第安人新政的主导者——科利尔。他和他的广大同道们先从对美国政治、社会问题的思考与批判，然后从对印第安人部落及其传统的观察与体悟中，得到了灵感，想出了办法。

　　一个出人意料的事实是：科利尔不是先带着所谓的"印第安人问题"在美国寻求答案，而是先有了"美国问题"，然后在印第安人中找到的答案。他是很晚才偶然接触到部落的。在此之前，"美国问题"已经困扰他多年了——这些"问题"同样有着深远的背景——那是自法国大革命以来，随着民主化、世俗化、工业化、城市化的洪流，人与人之间的传统联系方式解纽，以个人主义为基础的自由主义大行其道，社会变得浮躁、无序，人群趋于分裂，民心日见势利，缺乏归属感的人们往往无所适从。保守主义者由此迅速崛起，以其对社群、宗教、秩序、传统等的推崇，反抗现代社会对人的原子化和物质化。继承这种政治思想余绪的科利尔，老早就表现出对美国传统自由主义的不满，以及革新的愿望。1907年，他的第一份长期工作，加入的就是纽约人民协会（The People's Institute）。这是一个致力于反对阶级分化、保护文化遗产、重建人与人之间社群联系、提倡共享精神的组织。此时的科利尔，就已经有了在人们之间重建"崭新的必不可少的社会联系"的清醒意识和明白意图。②

---

　　①　Stephen Cornell, *The Return of the Native: American Indian Political Resurgence*, NY: Oxford University Press, 1988, p.90.

　　②　Stephen J. Kunitz, The Social Philosophy of John Collier, in *Ethnohistory*, Vol.18, No.3(Summer, 1971), p.215.

大约十年后,他转到加州做社区工作与社会实验。所有工作,按他自己后来的总结,大致都是为治疗美国乃至西方社会的如下弊病:

> "自由市场"和放任自由的意识形态与实践将人类世界视为个体与个体的叠加,每一个体均为普世因而可交换的、理性或精打细算的经济自利所控制。自由市场法则被认为是人类生活的法则。自由市场是一切的主人;即使它毁坏社会、传统遗产、人伦与美的价值、家庭与群体生活,甚或地球之上所有的自然资源,它仍然是压倒一切的原则;它主宰人们的行为,确保人们最终得救。它终将治愈自己制造的一切伤口。

> ……(工业革命造成)人们背井离乡,邻里关系土崩瓦解,家庭与手工制作寿终正寝,机器的权威凌驾于人们之上,绵延久远的人类代际关系恶劣不堪,个体流动不止,商业消遣火爆增长,大众发行的报纸在猎奇,电影与广播迎合最低级的大众趣味。所有这一切,都完完全全地使社会处于淆乱、蜕化,有时甚至是在毁灭当中。

> ……一个多世纪以来西方的精英都将个体之间的隔离视为根本,不曾设想要将自己与古老的社会,或是与诸如劳动、互助、重申民间运动等的新兴社会之间建立联系。他们既没有试着去理解——他们乃至我们所有人之间的心灵枯竭均来自于人类生命的片蚀和沟蚀,它正在暗地里将我们自己的社会及所有西方社会拖进无尽的黑夜——也没有做出足够而坚持不懈的努力去纠正它。①

对现代文明和自由主义的弊病进行反省,不是科利尔接触到印第安人部落之后才有的思想。但是自从 1920 年他第一次接触并了解印第安人部落

---

① John Collier, *Indians of the American: The Long Hope*, NY: New American Library, 1947, pp. 13–15.

以后,就认为自己找到治病的本土良方了:

> 从这个寥寥数百人的印第安人群体中,我发现了一个经历了无数
> 历史重创,至今仍未削弱的由人性塑造成的团体。它在弥漫群体生活的
> 大美之中,培养心灵状态、内在意向及对于土地与人类的忠诚。
>
> ……
>
> 这种体验不是一个幻象,它为自有部落以来,诸多部落间许许多
> 多、层层积累的经验所证实。我无时无刻没有意识到,其重要性绝非局
> 限于印第安人一隅,而是普世通用。而或许,至少在这片大陆上活着的
> 人们当中,只有印第安人才继续掌握并运用着这种人类生命的根本秘
> 密——这是一种以社会机制为工具来塑造伟大人性的秘密。这也可能
> 是印第安人无法幸存下去的原因。①

在与部落打交道的过程中,最吸引科利尔的,从来也根本不是什么"印
第安人问题"(无论新旧),而是印第安人部落的文化资源足以帮助治疗他眼
中的"美国问题""白人问题"甚至是"西方问题"。他一个同道的老朋友(即前
文所说卢罕之妻)写诗表达了类似的想法:

> 白人,你晓得,"路在你脚下,
> 印第安人比你们更好。
> 你们已经被深深地毁坏——惯坏——低人一等——输了,输了!"

以为自己在印第安人中找到合意疗法的科利尔,将部落中同时广泛存
在的贫穷、绝望及其与主流社会格格不入等问题通通过滤掉了。就像过去德

---

① John Collier, *From every Zenith: A Memoir; and some Essays on Life and Thought*, Denver: Sage
Books, 1963, p.126.

国浪漫派对于中世纪的想象、英国湖畔诗人对于乡村生活的沉吟,以及同时代 D. H. 劳伦斯等作家对于野蛮人形象的苦心经营一样,他将印第安部落浪漫化为一种没有阶级分化与斗争,以"共享、互惠责任网络"为特征的有机组织,用来治疗 19 世纪末 20 世纪初个人主义与工业革命给美国及西方造成的异化流弊。①

正是由于对部落有了这样的估价,所以科利尔及其同道们相信,必须下大力气去保护、延续、复兴印第安人的集体生活和文化传统。而要达到这样的目的,印第安人社会就"必须赋予相当地位、责任和权力";对部落生存和发展至关重要的集体土地也必须保护;"组织是自由的必需",因此政府必须允许和帮助印第安人组织起来,实行自治;信贷和知识也"是自由的必需",因此要同时给予经济扶持,发展教育……种种措施,最后落实为以复兴、重建部落传统为基本对策,并以部落为主要施政载体的新政。②虽然这些政策也刚好对应并且有助于解决强制同化政策制造的新"印第安人问题",但新政最重要的出发点和科利尔本人的最终目的,却并不单纯是为了让印第安人走出极端贫困化与全面边缘化。时势的紧迫给科利尔创造了改革的机会,但他却用这个机会来实现自己的理想。③一句话:与其说科利尔是借美国政

---

① See Stephen J. Kunitz, The Social Philosophy of John Collier, in *Ethnohistory*, Vol.18, No.3(Summer, 1971), pp.217, 213, 226.科利尔说,他发现那里的印第安人生活在未被现代世界污染的"黄金时代",和古希腊人相比,他们当中已经"建立民主、爱的统治,以及美的社会典范";他还认为自己发现了"红色亚特兰蒂斯(Atlantis,传说中的岛屿,后沉于海底)",在那里"共产主义者与个人主义者同时共存"。See Kenneth R. Philp, *John Collier's Crusade for Indian Reform*, Tucson, Arizona: The University of Arizona Press, 1977, pp.239, 2–3.

② John Collier, *Indians of the American: The Long Hope*, NY: New American Library, 1947, pp. 154–156.

③ 科利尔本人在生活中就常常是一个迂阔的理想主义者,个人气质影响了他的思想与事业,详见其子(John Collier, Jr.)在《约翰·科利尔介绍》中的描述。In Lawrence C. Kelly, *The Assault on Assimilation: John Collier and the Origins of Indian Policy Reform*, Albuquerque: University of New Mexico Press, 1983, pp.xv–xvii, xix–xx, "Foreword".

治资源来治疗印第安人问题，不如说他是借印第安人文化资源来治疗美国问题。新政只是他的落脚点。

三、"新政"的新旧

离开科利尔的思想与意图谈新政，是不现实的。然而在滚滚而来的历史洪流面前，个人意志的作用也许不能过分夸大；而且即使是个人的意志与思想，一经提出并公之于众、施之于政，会引起什么样的争论与结果，也常常是孰难逆料。这就要求评价新政及科利尔本人思想时，必须在一个更广的政治空间与更长的历史时段中展开。

前面说到，美国在处理诸如印第安人等种族与族群问题时，多年来的症结，就是过去的人民同质化方案与自由主义政治基本上没有为承认异质种族、族群的社会文化权利并包容其多样性做任何理论与实践准备。无论是对印第安人的排斥，还是接纳的同时对之进行强制同化，都可以从中得到解释。只要这种自由主义框架一天没有得到冲击、更新，一天没有予以纠正、弥补，类似的政策、行动就会一再公然或改头换面地出现。

前面同样说到，科利尔对美国自由主义有所反省和批判，试图以印第安人部落文化来弥补其缺陷与弊病。他支持印第安人，保护其传统，复兴、重建部落，主要考虑在于想借其浪漫想象之后的印第安人文化，来治疗美国自由主义社会使人原子化、物质化等异化问题。在他主导下的新政对准了强制同化制造的新"印第安人问题"，虽然不全是阴差阳错，但确非其主要考虑，甚至不是其本意。

然而就是在这里，科利尔的思想、新政的实践与过去的自由主义症结之间，发生了交叉性的冲突和碰撞。科利尔之箭与新政之矢本意是射向自由主义更为深远而广泛的弊病的，未料美国过去自由主义不承认异质种族社会文化权利、不宽容其多样性的弊病，也被命中靶心。这不是科利尔等人有意为之的结果,但新政对印第安人部落的复兴与重建,实际上正好形成对过去狭隘的自由主义框架的否定:"哲学上,这种政策是对过去美国强调个人主义的激烈中断;政治上,它代表了社群政治的有意味的潜在复兴。"①过去,印第安人部落群体的生存与繁荣只有在它们被排斥或自外于美国大门外才有可能;如今,美国政府却有意让部落复兴、重建,而且就在美国自己的政治框架内。这种做法引来人们的反对与批判,被指为"倒拨时钟",也就理所当然了。

不唯如此,科利尔思想与新政实践还在其他很多地方对自由主义过去的不宽容构成批评、压力甚至是否定:它们虽然尚未走到后来美国对历史上受损害的弱势民族进行历史补偿并推出"肯定性行动"这一步,却是真正告别了不同种族、族群间弱肉强食的社会达尔文主义;虽然没有进一步提出种族与族群人格平等的思想,却有力驳斥了基于文化进化论之上的对弱势民族的鄙视;虽然不是从种族和族群权利与尊严的视角来论证维护传统的重要性与必要性,却是忠诚地希望发扬其优秀遗产,并希望白人社会放下身段,潜心学习之;当然更没有一开始就从种族、族群与文化的多元性可以而且应该成为国家正资产的高度来审视既往、观照当今、布局未来,但已经提出文化多元主义的思路并将其付诸实践了。②

直到 1962 年,当有人著文称文化多元主义"看似是个好东西,在开明派看来也是比大熔炉模式更近乎美国民主之内在与理想的一条生活道路,遗憾的是此处与彼处的多元主义常常使人遭受剥夺和陷入低人一等的地位",并称以主流文化同化印第安人,不但不可避免,而且是好事一桩时。③科利尔

① Frances Svensson, *The Ethnics in American Politics: American Indians*, Minneapolis, Minnesota: Burgess Publishing Company, 1973, p.27.

② Stephen J. Kunitz, "The Social Philosophy of John Collier", in *Ethnohistory*, Vol.18, No.3 (Summer, 1971), p.221; Kenneth R. Philp, *John Collier's Crusade for Indian Reform*, Tucson, Arizona: The University of Arizona Press, 1977, p.xiv, "preface".

③ 其反对文化多元主义的理由,与本书所引的反对《重组法》理由有近似之处,这里不再赘述。See Robert A. Manners, "Pluralism and the American Indian", in Roger C. Oven, et al., eds., *The North American Indians: A Sourcebook*, Toronto, Ontario: The Macmillan Company, 1967, pp.668, 679.

虽然已风烛残年,但仍亲自披挂上阵,作文批驳。他称该文为"白人种族中心的过时的陈词滥调",不过是将社会达尔文主义的恐怖爪牙以更为温情脉脉的手套和面具加以掩饰推出而已。他引用 1940 年以来就为帕兹丘诺(Patzcuaro)印第安民族采纳的一句话,捍卫他的文化多元主义:"美利坚大民族(The nations of the Americas)应当采用并加强那些使他们的印第安人群体有最足量的机会展现身份的政策,(这样做的话)最终不但印第安文化将永不消亡,它还将丰富每个民族(nation)和整个世界的文化,为我们这个大民族贡献活力。"①

显然,这是一种与过去不宽容异质文化的自由主义思路有着根本区别的新思路。与完全沉溺于白人中心的旧方法相比,它显然更符合道义原则,更能体现对弱势民族尊严与主体性的尊重,更接近民族人格平等的观念,并且能更有效地缓和与化解不同文明文化碰撞、融合过程中的矛盾冲突,在一定程度上有助于制止和缓解印第安人在美国社会的继续贫困化与边缘化,尤其是更能有效制约支配群体像以往一样进行权力滥用。所以新政一旦推出,就很难再有回头路。而它的正面效果和历史作用,今天也越来越多地得到肯定。②这一切,与科利尔个人基于对部落的浪漫化而展开思考并化为积极行动,是分不开的。

不过,浪漫想象虽能点亮人的眼睛,却也常常会同时蒙蔽人的视野。科利尔将部落文化浪漫化的过程,本身就有将苦难与落后有意过滤的毛病。浪漫化完成之后,部落的幻象更是给他带来一种僵化的思维。为了让头脑中的美好景象变为可以触摸的现实,他像过时的骑士唐·吉诃德一样,在施政过

---

① John Collier vs. Robert A. Manners, "Divergent Views on 'Pluralism and the American Indian'", in Roger C. Oven, et al., eds., *The North American Indians: A Sourcebook*, Toronto, Ontario: The Macmillan Company, 1967, pp.683–686.

② Kenneth R. Philp, *John Collier's Crusade for Indian Reform*, Tucson, Arizona: The University of Arizona Press, 1977, pp.xiv–xv, "preface", pp.242–244.

程中既往往表现出勇往直前、不惮前驱的理想主义一面,也常常显示出缺乏变通、顽固不化的不务实一面。在《重组法》通过前,他和同伴们拟出的草稿、方案,就因为包含着合并已经分配的土地等不切实际的激进办法,结果部分方案先后遭到否决。[①]而《重组法》通过后,由于浪漫想象本身的非理性与不可分割性,所以直到新政结束,它都几乎没有尝试去主动适应强制同化后印第安人已经严重分化的现实。

历来部落林立、情况不一的印第安人本非铁板一块,经历"美国化""个体化"冲刷之后,更是呈现千奇百怪的分裂状态。昔日主要建立在传统权威与个人魅力之上的部落领袖,与今天主要依赖经济成功和法理权威的印第安人新秀相比,其诉求显然是不一样的;受过良好教育、接受个人主义并取得私有财产的印第安人(即所谓"开化派"),也常常与"墨守成规"、怀念"过去美好时光"的所谓"保守派"势同水火;任由部落老传统、旧权威雨打风吹去,只想更好地融入主流社会的观念,与印第安人需要加强内部控制、获得更多自治权利甚至进行种族联合的思想之间,同样吵得不可开交;部落政府还有没有、需要不需要足够的权威和能力去维持法律和秩序? 混血种人怎么办? 维持传统生活方式与适应工业化与城市化的现代社会生活之间会有什么样冲突? ……对诸如此类不同的情况、利益、思想、声音与问题,新政显然缺乏通盘的考虑,因而甚少对之予以较为全面的照顾。这也是为何它一边声称是为印第安人着想,一边却反而在印第安人中招致如此多争议和反对的主要原因。不能兼顾分化的现实,就只会使现实的分化愈益严重。

同时,由于科利尔认定部落传统优越于白人的个人竞争社会,新政在促进印第安人经济发展上更是乏善可陈。现代社会资源的紧缺与有限,已经往

---

① John Collier, "The Genesis and Philosophy of the Indian Reorganization Act", in Richard N. Ellis, ed., *The Western American Indian : Case Studies in Tribal History*, Lincoln : University of Nebraska Press, 1972, p.150; Stephen Cornell, *The Return of the Native : American Indian Political Resurgence*, NY : Oxford University Press, 1988, pp.91–92.

往无法支撑起科利尔中意的部落传统生活方式，这也是他没有仔细思考的问题。1934 年,当纳瓦霍部落的传统牧业发展到已经使生态严重超载时,科利尔开始了长达十年的减少羊群政策。历史仿佛和他开了一个玩笑,向来强调保护部落传统的他, 不得不在两难之中选择去做有违其传统保护志愿的事,最后还在部落中落下了"魔鬼""希特勒"的骂名。①

科利尔浪漫施政的最大问题在于,由于在其看来,印第安人及其部落文化主要用来修补主流社会的弊病,所以也就难以从异质种族、族群文化本身具有内在而独立价值的角度来思考问题、实施政策。虽然他慷慨地对印第安人部落进行了根据不足的赞美,却不能真正恰如其分地尊重他们的主体性。这种工具化的思维,最终不可避免地要落实为同化主义。如果说新政在复兴部落的时候规定部落得按白人的自由主义政治规则操作尚有适应时代的成分在内的话, 那么它规定印第安人凡有自治政府的计划都得先向内政部或印第安人事务委员会提交,由其监督并批准②,就是新政仍摇摆于文化多元主义与同化主义立场的明白宣示了。正是因此,一些部落领导人还认为,新政是加强而不是减弱了印第安人事务管理局对印第安人生活的控制。③科利尔本人也说:"文化多样性和文化自主并不等于在印第安群体中、政府内部或在联邦的四周实行自由放任的原则,它只是意味着在支配人类进程时,以

---

① 本段及上段资料详见:李剑鸣:《文化的边疆——美国印第安人与白人文化关系史论》,天津人民出版社,1994 年,第 274~275、305 页;[美]沃什伯恩:《美国印第安人》,陆毅译,商务印书馆,1997年,第 269~276 页。Stephen Cornell, *The Return of the Native: American Indian Political Resurgence*, NY: Oxford University Press, 1988, p.157; Peter Nabokov, ed., *Native American Testimony: A Chronicle of Indian-White Relations from Prophecy to the Present, 1492–1992*, NY: Penguin Books, 1991, pp.322, 330; Kenneth R. Philp, "Termination: A Legacy of the Indian New Deal", in *Western Historical Quarterly 14*, No.2 (1983): 170–180; James S. Olson & Raymond Wilson, *Native Americans in the Twentieth Century*, Urbana and Chicago: University of Illinois Press, 1984, pp.122–124.

② Peter Nabokov, ed., *Native American Testimony: A Chronicle of Indian-White Relations from Prophecy to the Present, 1492–1992*, NY: Penguin Books, 1991, pp.325–326, 329.

③ 李剑鸣:《文化的边疆——美国印第安人与白人文化关系史论》,天津人民出版社,1994 年,第306~307 页。

可人而宽容的方式来取代专断任性的办法。"①自由主义过去对异质种族、族
群社会文化的不宽容,导致了将印第安人进行"个体化改造"的强制同化思
路;而科利尔对部落文化的"发现",则使他认识到,印第安人不一定非得像
过去一样通过个体来实现"美国化"——以复兴、重建部落群体的方式,反而
能更为人道、良性、"渐进而自愿"地将印第安人纳入美国政治框架。②部落作
为群体得到了保留,而同时又经过了美国式的改造,印第安人在自己的群体
里自己参照美国的规则来为自己争取利益,"最终达到由印第安人以美国的
方式来为印第安人寻求完全融入"③,还有比这更好的同化办法吗?!显然,方
法的改变并不意味着同化主义本质的改变。而从中我们既可以看到科利尔
及其新政与过往相比的优长之处,同时也可以发现其根本的局限。也正是由
于这个原因,新政常常无法避免遭遇像强制同化政策一样的理论与实际困
境。科利尔本人虽然反感后来强制同化思路的回潮(即 20 世纪 50 年代初至
60 年代中的终结政策),贬其为"死灰复燃"④,但在有些人看来,这种批评实
有"大水冲倒龙王庙,一家人不识一家人"之嫌。⑤

　　不是让自己的思想去适应复杂的现实,而是让复杂的现实去迁就自己

①　John Collier, "The Genesis and Philosophy of the Indian Reorganization Act", in Richard N. Ellis, ed., *The Western American Indian: Case Studies in Tribal History*, Lincoln: University of Nebraska Press, 1972, p.152.

②　Frances Svensson, *The Ethnics in American Politics: American Indians*, Minneapolis, Minnesota: Burgess Publishing Company, 1973, p.27.

③　这是科利尔 1954 年澄清《重组法》同化主义本质的原话。See Stephen Cornell, *The Return of the Native: American Indian Political Resurgence*, NY: Oxford University Press, 1988, pp.94–95.

④　John Collier vs. Robert A. Manners, "Divergent Views on 'Pluralism and the American Indian'", in Roger C. Oven, et al., eds., *The North American Indians: A Sourcebook*, Toronto, Ontario: The Macmillan Company, 1967, p.685.

⑤　See James S. Olson & Raymond Wilson, *Native Americans in the Twentieth Century*, Urbana and Chicago: University of Illinois Press, 1984, p.109; 终结政策的强制同化办法与特质, See Jill Norgren & Serena Nanda, *American Cultural Pluralism and Law*, Westport, Connecticut: Praeger Publishers, 1996, pp.22–24.

的思想,这里出现了一种政治家与思想家的错位。可惜对于政治家来说,思想家气质未必总是好事。以理想而非问题为导向的施政,最容易导致僵化的思维,使人钻进教条主义的死胡同,最终采用工具化的处理方式。正是因为落入此种弊病,所以科利尔主导下的新政"既不能满足印第安人中各式各样的需要,也没能真正地促进经济增长,或为未来创造一个垂之久远的政治框架"。到1944年时,科利尔本人在一次听证会上也承认:尽管花费了年均为3千万元的公帑,但印第安人新政并未实现其预定的诸多目标(当然他仍旧把主要原因算在印第安人未能完全理解其《重组法》本意之上)。而因为新政引起的争议与质疑太多,同时实际效果不佳,破坏了人们对于文化多元主义的信任,所以才有后来回光返照式的终结政策。①事实证明,科利尔、新政虽然开了新的风气,但美国的印第安人政策仍有待进一步的探索、调整与完善。

---

① Kenneth R. Philp, "Termination: A Legacy of the Indian New Deal", in *Western Historical Quarterly 14*, No.2(1983):166,169,179—180; Wilcomb E. Washburn, *Red Man's Land/White Man's Law: A Study of the Past and Present Status of the American Indian*, New York: Charles Scribner's Sons, 1971, p.90.当然,终结政策出台还有其他更多原因,这里不赘。新政引起的更多争议与碰到的更多难题。See Kenneth R. Philp, *John Collier's Crusade for Indian Reform*, Tucson, Arizona: The University of Arizona Press, 1977, pp. 239—242.

第五章　多元主义秩序的扩展

——当代美国印第安人利益集团①活动的兴起

在美国政治中,种族权力的提升与种族伦理的湮灭相辅相成。

——塞缪尔·亨廷顿②

一、一个新时代?

1973 年,一个多事之秋;翁迪德尼,一个多事之地。年末,这块弹丸之地突然被约两百名印第安人武装者占领。原来,八十多年前,他们的同种先辈

---

① 书中所论的"利益集团",指的是在美国语境下,"具有共同情感与利益的个体,为实现与政治建制讨价还价但光凭他们自己又无力达成的目标而组织起来的共同体",它既不同于完全民间性的、不必然与政府发生利益关系的志愿者社团,也不是以维护全民利益为口号,并以赢得选举、取得执政权为目标的政党。See Dennis S. Ippolito & Thomas G. Walker, *Political Parties, Interests Groups, and Public Policy: Group Influence in American Politics*, Englewood Cliffs, NJ: Prentice-Hall, Inc., 1980, pp. 270-272.

尽管使用利益集团框架进行政治学分析是 20 世纪以来的事,但《联邦党人文集》(1787—1788,主要在麦迪逊所著的第十篇中)仍然常常被人追溯为此领域的经典论述。在文中,麦迪逊虽未明确使用利益集团一词,但他显然已经将利益集团包括在他所谓的"派系"(factions)当中(See Ronald J. Hrebenar, *Interest Group Politics in America*, NY: M. E. Sharpe, Inc., 1997, pp.12-13;Burdett A. Loomis & Allan J. Cigler, "Introduction: The Changing Nature of Interest Group Politics", in Allan J. Cigler & Burdett A. Loomis, eds., *Interest Group Politics*, Washington, DC: CQ Press, 2007, p.3;另,麦迪逊用的利益一词,常常可视为利益集团的同义词)。麦迪逊认为,"派系"是"一些公民,不论是全体公民中的多数或少数,团结在一起,被某种共同情感或利益所驱使,反对其他公民的权利,或者反对社会的永久的和集体利益"。这种定义带有贬义的色彩,不过麦迪逊也承认,派系活动的潜在成因"深植于人性",不可消除,只能靠控制其后果以求解决。他采取的办法是尽量让美国社会的党派与利益集团多元化,以制止(转下页)

因接受、传播鬼神舞教(在白人社会压力下产生的一种带有浓厚印第安人部族复兴意识,寄希望于超自然力量来消灭白人、拯救自己的宗教–社会运动)而为美国政府戒备、禁止,结果被联邦军队跟踪,最终在翁迪德尼(位于南达科他州松岭附近)惨遭屠戮,包括妇婴在内逾三百人被射杀。如今,后辈们聚集于此, 不仅是要为历史旧债讨还一个公道, 更是为了表达他们现时的诉求。他们要求撤除松岭保留地部落政府的腐败分子;重申美国政府得遵守历史旧约,承认部落主权;反对联邦继续控制印第安人的内部事务。他们的激烈行动很快引起了美国政府的高度重视。24 小时之内,250 名联邦调查局密探、保安官和印第安人事务管理局警察就将整个村子团团围住。几天后,联邦军警也全身披挂出现在人们眼前。双方武装对峙开始了……

尽管这次占领事件持续的时间相当漫长,双方之间还不时交火,而且冲

(接上页)某一派系形成支配性多数,从而压迫人民、妨碍自由。参见[美]汉弥尔顿、杰伊、麦迪逊:《联邦党人文集》,程逢如、在汉、舒逊译,商务印书馆,1980 年,第 45~50 页。由此可见,虽然利益集团至今仍被冠以"既得利益"(vested interests)、"特殊利益"(special interests)、"压力集团"(pressure groups)、"游说团体"(lobby groups)等时常含有贬义的谴责性称谓,但至少在麦迪逊那里,它就已经具有某种程度的中性含义了。托克维尔 1831—1832 年间考察美国时,不仅对美国人组党结社的偏好与现状产生了深刻印象,而且盛赞各式各样社团对于维护美国公共安全、工商业、道德、宗教的正面意义。参见[法]托克维尔:《论美国的民主》(上册),董果良译,商务印书馆,1988 年,第 213~221 页。20 世纪以来的利益集团理论名家如阿瑟·本特利(Arthur Bentley)、戴维·杜鲁门(David Truman)、罗伯特·达尔等,一般都将"利益集团"视为中性词。参见谭融:《美国利益集团政治研究》,中国社会科学出版社,2002 年,第 1、34~38 页。人们甚至肯定它具有利益表达、对选举制进行补充、信息交流、训练公民、积累社会资本、促进政治稳定及社会统合等多方面功能,参见[日]内田满:《现代美国压力政治》,唐亦农译,复旦大学出版社,2007 年,第 81、131~135 页;[美]杰弗里·贝瑞、克莱德·威尔科克斯:《利益集团社会》,王明进译,中国人民大学出版社,2012 年,第 9~11、15~17 页。即使像小曼瑟·奥尔森(Mancur Olson, Jr.)等批评者,也往往只是担心、指责利益集团活动达不到预定的多元化目的,而不是反对利益集团本身。See Andrew McFarland, Interest Group Theory, in L. Sandy Maisel & Jeffrey M. Berry, eds., *The Oxford Handbook of American Political Parties and Interest Groups*, NY: Oxford University Press, 2010, pp. 40–42.

因此,需要特别指出的是,本书所用的"利益集团"一词,与中国当代语境下的贬义用法是完全不一样的。

② [美]亨廷顿:《失衡的承诺》,周端译,东方出版社,2005 年,第 23 页。

突达到顶点时，还有不少于 90 个支援印第安人的群体一度扬言或准备，一旦联邦军警镇压这些激进分子，他们将继起烧杀、暴乱。但所幸，经过占领者与联邦政府之间近乎拉锯战般的辛苦谈判，约十周后，双方终于达成协议而各自撤退，因而结束了对峙。与上一次的翁迪德尼大屠杀相比，这次事件除有两名印第安人死亡、双边各有一些人受伤外，结局还算皆大欢喜。当局主动采取"人道而理性"的和平谈判方式，结果顺利地达到了平息"暴乱"的目的；而通过这一事件，印第安人激进分子也成功地吸引了主流社会对于其民族过去与现在所蒙受苦难和冤屈的广泛关注，他们的诉求还得到了来自官方的正面回应。①

在风起云涌、全球性造反的 20 世纪 60 至 70 年代，出现翁迪德尼这一类事件，本是家常便饭，并不值得大书特书。但大概由于以下原因，事件仍受到了时人乃至后人的特别关注：

首先，这场激烈运动的主角，是近百年来美国种族、族群史上最默默无闻、最边缘化的一个群体——印第安人。过去，他们只能长期、被动地接受美国政府的安排与处置。如今，面对美国主流社会，他们也公开、主动地发出了自己的声音，继而开始与官方讨价还价了。其次，这一运动的推动、领导者及其方式，也有了变化。过去，印第安人往往以分立的各部落为单位，采取一些以拒斥白人文明、表现部族意识为特征的宗教–社会运动，与美国政府进行对抗。1890 年的翁迪德尼大屠杀便是双方互不信任而又互不相让的恶果，其受害者也都是来自同一个部落的苏族人。而在 1973 年，具体组织、参与翁迪德尼占领行动的，除少数当地苏族部落成员外，更多是来自全国各地各个部落的积极行动分子。他们基本上都是"美国印第安人运动"（American Indian

① 这两段材料来自：Robert Burnette & John Koster, *The Road to Wounded Knee*, NY：Bantam Books, Inc., 1974, pp.ix–xii, pp.220–254；Stephen Cornell, *The Return of the Native：American Indian Political Resurgence*, NY：Oxford University Press, 1988, pp.3–4, 8, 13；Theodore W. Taylor, *American Indian Policy*, Mt. Airy, Maryland：Lomond Publications, Inc., 1983, pp.40–42；Duane Champagne, ed., *Chronology of Native North American History*, Detroit, MI：Gale Research Inc., 1994, pp.393–394.

Movement,简称 AIM,一个矢志于维护本民族权益的印第安人利益集团)的成员或支持者;少部分人则属于另一个利益集团——"诸部落印第安人"(Indians of All Tribes)。这些利益集团虽然以特定种族或族群为背景,其诉求也与美国主流社会中的其他利益集团大异其趣,并且采取了激进的行动,但大体上,他们仍然遵循着美国化的世俗方式——即使行为激烈、言辞出格,也是为迫使官方及主流社会关注他们民族的苦难与诉求,与他们进行平等的谈判;一旦达到目的,他们还会在讨价还价中作出必要的妥协,并理性地接受谈判结果。

最后,更为关键的是,翁迪德尼既非开始,更非结束。从 20 世纪 60 年代早期由"美国印第安人幸存者"(the Survival of American Indians)发动的捕鱼示威(Fish-ins,维护印第安人在传统地区捕捞的权利)开始;到全国印第安人青年委员会(NIYC)不断介入、参与的众多保卫历史条约及狩猎权利的示威游行;再到 1969 年"诸部落印第安人"占领旧金山湾的阿尔卡特拉斯岛(Alcatraz Island),要求将其变为一个泛印第安人文化、教育中心;到由美国印第安人全国代表大会(NCAI)等众多组织共同推动的要求由印第安人掌控印第安人事务的红权(Red Power)运动;最后到由"美国印第安人运动"组织的一系列著名运动——1972 年抗议美国背信弃义、不守对部落承诺的"撕毁条约之路"(Trail of Broken Treaties)游行,继而占领印第安人事务管理局华盛顿总部,一直到 1978 年"最长的徒步"[①](从旧金山步行到华盛顿请愿)……那些年,印第安人在形形色色的利益集团带领下,集中制造了一系列的激进事

---

① See Stephen Cornell,The Return of the Native:American Indian Political Resurgence,NY:Oxford University Press,1988,pp.5-6;Vine Deloria,Jr.,"American Indians",in John D. Buenker & Lorman A. Ratner eds.,Multiculturalism in the United States,Westport,Connecticut:Greenwood Press,2005,pp.30-31,35-36;Nancy Shoemaker,ed.,American Indians,Malden,Massachusetts:Blackwell Publishers,2011,pp.247-278;David E. Wilkins & Heidi K. Stark,American Indian Politics and the American Political System,Lanham,Maryland:Rowman & Littlefield Publishers,Inc.,2011,pp.196-197,204-206.

件,成为民权时代可与黑人运动媲美的另一道风景线。①占领翁迪德尼,不过是其中之一而已。而在民权时代结束尤其是 20 世纪 80 年代末期以来,印第安人利益集团又越来越多地游走于他们与联邦及各州的政治、经济、文化谈判中,不仅被印第安人采用为应对美国政府的主要手段和途径②,逐渐成为"美国利益集团政治中的主要玩家"③,而且还成为他们融入美国政治结构的关键所在。④

巨变使人不禁发问:美国印第安人进入了一个新时代吗?

二、印第安人利益集团活动兴起的背景及过程

利益集团活动是一种内在于西方传统及美国政治的游戏。一方面,它认为(或假定)人是各有其偏见、自私自利的动物,而个人理念、利益的表达及实现,也本有其合法性与正当性。因此,具有共同理念、共同利益的个体为实现他们的目标而联合行动,进而寻求影响公共政策,既是人性的必然,也是公民应有的权利及自由,理当受宪法保护。⑤但另一方面,它又害怕这些特殊利益团体获得垄断性的权力, 将自己的局部利益凌驾于其他团体的局部利益或社会的整体、长远利益之上。为此,它不是阻止人们以自由结社获得影响政策的更大能力,而是通过鼓励社会出现数量更为丰富、利益更为分化、

---

① 据权威调查,在印第安人激进运动高峰的 1974 年,部落间或跨部落组织已经超过 100 个;20 世纪 70 年代,由他们推动发起的重要政治事件也超过了 100 件。See Stephen Cornell, *The Return of the Native:American Indian Political Resurgence*, NY:Oxford University Press,1988,pp.150,190.

② David E. Wilkins & Heidi K. Stark,*American Indian Politics and the American Political System*, Lanham,Maryland:Rowman & Littlefield Publishers,Inc.,2011,p.124.

③ Michael Nelson, "Politics of Tribal Recognition:Casinos,Culture,and Controversy", in Allan J. Cigler & Burdett A. Loomis, eds., *Interest Group Politics*, Washington, DC:CQ Press, 2007, p.65.

④ Paula D. McClain & Joseph Stewart Jr., *"Can We All Get Along?" Racial and Ethnic Minorities in American Politics*, Boulder, Colo.:Westview Press, 1995, p.79.

⑤ 参见[日]内田满:《现代美国压力政治》,唐亦农译,复旦大学出版社,2007 年,第 80~81 页。

权力更为分散、格局更为多元的利益集团,试图在一定共识之下达到公开、自由、充分的竞争与制衡状态,以控制派系斗争的后果,制止某一团体形成支配性的多数去压迫他人、阻碍公共利益与共和政治的实现。可见,在美国及西方语境下,理念、利益的分化与竞争是形成利益集团活动的主要原因;而利益集团活动也被有意加以利用,成为协调利益、达成妥协、实现平衡、促进多元化进而维护共和的一种机制。因此,在美国(西方),各式各样利益集团之间的竞争与平衡,往往被视为多元主义的本质内容及核心特征。[1]

　　不过,在美国历史上,这种多元主义很长时间里都主要是指政治、经济的多元化,而非种族、文化上的多元化。其鼻祖麦迪逊在《联邦党人文集》中说得很清楚,利益集团活动只是美国公民的内部事务;而在同一本书中,美国公民得到的定义是:"上帝乐于把这个连成一片的国家赐予一个团结的人民——这个人民是同一祖先的后裔,语言相同,宗教信仰相同,隶属于政府的同样原则,风俗习惯非常相似;他们用自己共同的计划、军队和努力,在一次长期的流血战争中并肩作战,光荣地建立了全体的自由与独立。"[2]这就是说,美国由种族、文化及意识形态高度同质化的人民组成,其他异质种族、族群是不在其内的,因此无权参与美国利益集团活动。这就是为什么麦迪逊文中列举了种种政治、经济利益集团甚至是不同的阶级,却丝毫不曾提到特定种族、族裔及宗教、文化利益集团的原因。其实,早期美国本来就是一个"立

---

　　① See Burdett A. Loomis & Allan J. Cigler, "Introduction:The Changing Nature of Interest Group Politics", in Allan J. Cigler & Burdett A. Loomis, eds., *Interest Group Politics*, Washington, DC:CQ Press, 2007, p.5; Andrew McFarland, "Interest Group Theory", in L. Sandy Maisel & Jeffrey M. Berry, eds., *The Oxford Hand-book of American Political Parties and Interest Groups*, NY:Oxford University Press, 2010, pp.39-40, 42-44; [美]亨廷顿:《失衡的承诺》,周端译,东方出版社,2005年,第8页;[英]米勒、波格丹诺主编,邓正来译:《布莱克维尔政治学百科全书》,中国政法大学出版社,2002年,第385页;[英]安德鲁·海伍德:《政治学核心概念》,吴勇译,天津人民出版社,2008年,第218~220页。

　　② [美]汉弥尔顿、杰伊、麦迪逊:《联邦党人文集》,程逢如、在汉、舒逊译,商务印书馆,1980年,第8页。这是约翰·杰伊的话,其实代表了当时美国很多人的共识,参见[美]亨廷顿:《我们是谁?——美国国家特性面临的挑战》,程克雄译,新华出版社,2005年,第33~50页。

足于盎格鲁裔美国人新教民族主义的民族国家(nation-state),她既是政治的,也是种族和宗教的"①。而且由于受西方政治传统(以人民同质化的城邦作为政治理论建构的基础与预设)与自由主义政治逻辑(重个体权利、轻集体权利)的影响,②长期以来,美国不仅不将黑人、印第安人等有色种族算作真正的公民,而且对那些有着和盎格鲁人不同族裔背景和国家来源的白种移民,也强调他们的充分美国化,不可继续坚持自己原来的社会文化。麦迪逊们的看法,不过代表了当时及后来很长时间内美国官方及主流社会的"常识"而已。文化多样性虽然很早就是美国社会的特色,但这种多样性在政治上得到容忍,却是很晚的事情。过去的多元主义,也往往只是"经济结社与利益的多元主义",而不是文化的多元主义。③

历史上,印第安人不是美国公民,而且论传统,印第安人相信万物有灵、以因果报应为其法律的中心思想、坚持各自的部落认同与忠诚、奉行部落成员共享与集体主义的精神、以亲属关系为其社会的构成基石。④这种文化与以人性恶、个人主义及自由主义为基础的利益集团政治之间,显然也难以合拍。因此,过去的印第安人既没有在美国成立或加入利益集团的权利,也缺乏这种意愿。他们在 20 世纪后期成为美国利益集团活动的主角之一,是因为后来产生的一系列变化:

---

① Michael Lind, *The Next American Nation: The New Nationalism and the Fourth American Revolution*, NY: Free Press, 1995, p.46.

② See Kenneth D. McRae, The Plural Society and the Western Political Tradition, in *Canadian Journal of Political Science/Revue canadienne de science politique*, Vol.12, No.4(Dec., 1979), pp.675–688; [加拿大] 威尔·金里卡:《多元文化的公民身份———一种自由主义的少数群体权利理论》,马莉、张昌耀译,中央民族大学出版社,2009 年,第 2~3 页。

③ Vernon Van Dyke, The Individual, The State, and Ethnic Communities in Political Theory, in *World Politics*, Vol.29, No.3(Apr., 1977), p.362.

④ 参见[美]沃什伯恩:《美国印第安人》,陆毅译,商务印书馆,1997 年,第 19~74 页。

第一，美国官方和主流社会对文化多样性宽容度的提高，是印第安人利益集团活动发展与兴起最重要的政治背景。

19 世纪 70 年代开始，美国政府将印第安人问题彻底变为美国的内政或准内政；①从那时起到 20 世纪 30 年代，还一直推行一种强制美国化与公民化战略，试图破除印第安人原有的群体依托、种族身份及部落认同，将其改造为单一个体的、具有美国公民身份及公民意识、认同自由主义价值观而且融入美国主流社会的美国公民。这是美国在接纳黑人为本国公民以后，继续打破有色种族不得加入美国之藩篱的一大尝试，本身应该算是一个进步。不过，对种族与族裔多元化的接受，并不意味着对社会文化多样性容忍度的提高。相反，这一战略恰恰是美国朝野试图以"文明先进的"白人文化改造、取代"野蛮落后的"印第安文化的产物。

理论上，逐渐成为美国公民的印第安人，此时已经具备参与利益集团活动的可能性。事实上，第一个成功的印第安人跨部落利益集团——美国印第安人社团（Society of the American Indian，简称 SAI），便成立于 1911 年。它带有浓厚的时代特色。其领导者主要是一些在白人社会受过教育、取得一定职业身份，并试图进一步提升本民族福利及地位的印第安人精英。虽然他们希望印第安人多少保持一点土著民族的特征与骄傲，但与当时流行的同化声音相呼应，他们仍将完全接受白人文明、彻底融入主流社会视为印第安人的不二选择。②这就使他们与广大印第安人之间出现了脱节。因为长达 60 年的强制同化不仅没有使大多数印第安人美国化、公民化，反而使他们变得极端贫困化、全面边缘化；他们与白人社会之间的隔阂和文化冲突，也由此加剧；同时，印第安人的内部分化也越来越严重，少数已然并主张在白人社会立足的精英，和没能顺利实现文化转换和文化适应的普罗大众之间，差异与对

---

① Vine Delovia, Jr., "The Evolution of Federal Indian Policy Making", in Vine Delovia, Jr., ed., *American Indian Policy in the Twentieth Century*, Norman: University of Oklahoma Press, 1985, p.247.

② [美]沃什伯恩:《美国印第安人》，陆毅译，商务印书馆，1997 年，第 265~266 页。

立日益明显。①"美国印第安人社团"便因为不得不面对内部分裂、在普通印第安人中又失去群众基础等问题而昙花一现,最终归于失败。②它的命运是当时为数极少的印第安人利益集团活动的一个缩影。显然,不能奢望一个自身文化受到蔑视、短期内又无法建立主流文化认同的民族能够顺利地参与主流社会的政治游戏。当时的印第安人,除以部落为单位对强制同化采取一些宗教-社会运动形式的反抗,并不时与官方发生武装冲突以外,世俗化的政治行动不仅很少,而且多以失败告终。一些白人同情者、改革者和律师为帮助印第安人维权而成立的社团,反而更为引人注目。是他们,而不是印第安人自己,从正面推动着其后美国印第安人政策的变革。③

印第安人真正取得在美国社会参与政治竞争的入门券,始于联邦 20 世纪 30 年代推出的"印第安人新政"(the Indian New Deal,以下简称"新政")。新政吸取了强制同化的教训,基本上承认了印第安人在美国种族、族群结构中的特殊性,并对之采取了特别政策。要之,一为对贫困化、边缘化的印第安人实施经济、社会援助;二为强调并落实对印第安语言、宗教及日常文化传统的尊重;三为放弃之前实施的激进个体化改造计划,重建印第安人部落,使其重新充当一个真正合法的实体,为印第安人在现代美国社会中的生存与发展发挥更大作用(如规定部落在享受既定权力以外,为维护自身利益,还可以采取法律申诉、与各级层次的政府谈判等办法,或组成商团形式来经

① 关于强制同化政策的目标、措施、困境与结果,详见王坚:《传统自由主义的滑铁卢——1870—1930 年代的美国印第安人政策评述》,《世界民族》2015 年第 2 期。

② Stephen Cornell, *The Return of the Native: American Indian Political Resurgence*, NY: Oxford University Press, 1988, pp.115-118.

③ Peter Nabokov, ed., *Native American Testimony: A Chronicle of Indian-White Relations from Prophecy to the Present, 1492-1992*, NY: Penguin Books, 1991, p.324; Stephen Cornell, *The Return of the Native: American Indian Political Resurgence*, NY: Oxford University Press, 1988, pp.61-62, 66, 88-90; Jill Norgren & Serena Nanda, *American Cultural Pluralism and Law*, Westport, CT: Praeger Publishers, 1996, p.6.

营他们的资源）。①这实质上意味着对印第安人文化特殊性的承认及对印第安人文化决定权的恢复②,同时也意味着印第安人获得了在美国政治框架内进行活动、参与竞争的更多资源。

新政是符合时势需要以及多数印第安人期待的，但它仍受到一些持强制同化思路的白人及成功实现文化转型的印第安人的激烈反对。为此，一些人于 1934 年成立了美国印第安人联盟（American Indian Federation）。他们攻击新政是企图让印第安人倒退回过去披毛毯的时代。③与此相对的是美国印第安人全国代表大会（成立于 1944 年）等。它是"第一个试图绕过印第安人事务管理局与内政部的中介，将各部落与国家政策制定实体联系起来的全国性印第安人组织"④。其领导者虽然也是一些受过良好教育的印第安人跨部落精英，但其主要宗旨却迥异于美国印第安人社团、美国印第安人联盟等。它不排斥印第安人个体的加入，但更为强调维护部落整体的权利与生存。这种诉求使它在印第安人中获得了更为广泛的群众基础。以它为代表，印第安人集团开始奔走于各层次（从国家到地方、部落）、各类型（从国会到其他管理机构）的政府机构，取得了一系列前所未有的成绩。他们曾经采取行动为西南地区印第安人争取选举权，还力图阻止不利于保留地生存的经济开发。尤其是 1946 年，部分因为他们的游说，国会通过《印第安人权利申诉委员会法案》(Indian Claims Commission Act of 1946)，允许部落对美国过去

---

① Stephen Cornell, *The Return of the Native: American Indian Political Resurgence*, NY: Oxford University Press, 1988, p.92.

② John Collier, The Genesis and Philosophy of the Indian Reorganization Act, in Richard N. Ellis, ed., *The Western American Indian: Case Studies in Tribal History*, Lincoln: University of Nebraska Press, 1972, pp.151–152.

③ Joseph S. Roucek & Bernard Eisenberg, eds., *America's Ethnic Politics*, Westport, Connecticut: Greenwood Press, 1982, p.53.

④ Stephen Cornell, *The Return of the Native: American Indian Political Resurgence*, NY: Oxford University Press, 1988, pp.61, 88.

的不公正与错误行为起诉,从而开启了印第安人可依法向美国申诉索赔(主要为过去失去的土地)的潮流,持续了很长时间。①

虽然新政对印第安人文化特殊性的承认为他们积极参与美国利益集团活动准备了条件,不过,由于新政仍摇摆于同化主义与文化多元主义之间,②紧接着在 20 世纪 50 至 60 年代又出现了作为强制同化回潮的所谓"终结"时期,同时印第安人本身进行力量积蓄也需要一个过程。所以在民权时代到来以前,美国印第安人利益集团活动无论是在数量、范围还是影响力上,总地来说仍然是相当有限的。即便当时影响最大的美国印第安人全国代表大会,也是在主导新政的白人(科利尔)鼓励下才出现的。③

从 20 世纪 60 年代末的激进主义开始,印第安人利益集团活动逐渐兴起。这一方面是对之前"终结"政策的强烈情绪反弹;另一方面,也与此前此后美国官方及主流社会对文化多样性的空前宽容互为因果。1961 年,美国民权委员会的一份报告认为"印第安人拥有三重法律人格":他既是"一个部落成员",与部落生活保持着文化、社会、经济、宗教与政治上的联系;又是联邦政府的"被监护人";还是一个拥有完全公民权利的美国公民。这就对印第安人在美国种族、族群政治结构中的特殊性作了清晰的界定。1968 年《印第安人民权法案》宣布印第安人和其他普通美国公民一样,享有宪法权利法案规定的各项权利。它在受到不少部落欢迎的同时,也为一些部落所质疑,认为这是以宪法架空部落主权的行动。大约十年后,最高法院在一次判决中,既支持民权法案,又主张以部落习俗和传统来解释民权法案。这就在一定程度

① [美]沃什伯恩:《美国印第安人》,陆毅译,商务印书馆,1997 年,第 281~282 页;David E. Wilkins & Heidi K. Stark, *American Indian Politics and the American Political System*, Lanham, Maryland: Rowman & Littlefield Publishers, Inc., 2011, pp.xxi–xxii, 130–131.

② See James S. Olson & Raymond Wilson, *Native Americans in the Twentieth Century*, Urbana and Chicago: University of Illinois Press, 1984, p.109.

③ Vine Deloria, Jr., "American Indians", in John D. Buenker & Lorman A. Ratner eds., *Multiculturalism in the United States*, Westport, Connecticut: Greenwood Press, 2005, p.35.

上调和了对立,相当于继续肯定了印第安民族的特殊地位。①这种政策调整的趋势,更因民权时代美国主流文化独尊地位受到冲击,非主流文化的权利得到重视,并被作为问题提向美国政治与社会而得以加强。此时,"同化"一词逐渐被赋予贬义色彩;政客们则纷纷表态,重申不同种族、文化之间的地位平等……在种种因素推波助澜之下,1975 年,不仅成立了审查美国政策与印第安人历史及特殊关系的美国印第安人政策审查委员会(AIPRC),还通过《印第安人自决与教育援助法》(Indian Self-Determination and Education As-sistance Act,它本身就是在印第安人运动和游说压力下的产物)规定:在保持联邦与部落特殊关系的前提下,"赋予部落政府参与涉及印第安人的联邦政策的制定和实施的权利,鼓励印第安人自己管理有关保留地经济发展和资源开发的项目,大力支持印第安人教育的发展,并允许印第安人自己控制自己的教育"。

1978 年《印第安人宗教自由法》(Indian Religious Freedom Act)则承认了印第安人传统宗教的合法性,并认为其与美国奉行的信仰自由政策可以并行不悖。同年,美国政府还制定了官方承认印第安部落的原则和程序(此点后来因部落赌场设置等原因而变得尤其重要,详见后文)。至此,美国政府完全废止了之前的同化主义做法,确立了文化多元主义的原则。其后,这一原则尽管小有反复,里根时代甚至受到一些不确定因素的威胁,但在大方向上,仍为官方坚持至今。从克林顿到奥巴马政府都承认印第安部落与美国之间政府对政府的关系为一种"新型的伙伴关系"。1998、2009 年,克林顿和奥巴马总统还先后郑重承诺,在涉及印第安人事务上,联邦将向部落政府咨询

① 1977 年最高法院在裁决"合众国诉安第洛普"(United States v. Antelope)一案时说:"特地将印第安人部落挑选出来作为立法对象,这一分类方式明确地来源于宪法,而且为随后联邦政府与印第安人的关系史所支持。"见金里卡等人编制的《土著民族多元文化主义政策指标体系》中美国印第安人部分。See Veldon Coburn, *Multiculturalism Policy Index: Indigenous Peoples*, School of Policy Studies, Queen's University at Kingston, Canada, 2011, pp.54-55.

并与之合作。2009 年,美国成为联合国人权委员会成员国后,土著人民权利的落实还得接受来自国际的监督。①

显然,包括翁迪德尼占领事件在内,以激进形式兴起于民权时代的印第安人利益集团活动,在其根本观念和利益诉求上,与同时期美国种族政策调整的趋势是高度吻合的。所以尽管当时美国政府对那些最为激进的组织和行动,曾采取监视、渗透及起诉等组合拳进行打击与破坏②,但正如翁迪德尼占领事件结局所显示的,对于印第安人以特定种族及社会文化为基础表达诉求、维护利益的利益集团活动,美国官方和主流社会的态度,仍然是以接受、承认甚至鼓励并逐步将其包纳为体制内力量为主。③印第安人利益集团的激进运动是促成当时美国政策调整的重要原因之一,但它本身的发展和变化也受到了政策调整的鼓励和影响。民权时代过后,虽然这种利益集团活动仍得以发展并蔚为大观,但激进主义很快就退潮了。

第二,泛印第安人意识与运动的扩展,是印第安人利益集团活动发展与兴起的内在基础。

北美印第安人本是一个个分散的部落。过去,他们既没有统一的语言和政治组织,连统一的名称也来自于白人殖民者。跨部落的民族意识与印第安人的种族认同,不是自然发展出来的,而是在白人语言、文化及日益扩张的

---

① 参见李剑鸣:《文化的边疆——美国印第安人与白人文化关系史论》,天津人民出版社,1994 年,第 295~298、309~311 页;Duane Champagne, ed., *Chronology of Native North American History*, Detroit, MI: Gale Research Inc., 1994, p.402; David E. Wilkins & Heidi K. Stark, *American Indian Politics and the American Political System*, Lanham, Maryland: Rowman & Littlefield Publishers, Inc., 2011, pp.132-134, xxiii, xxvi, 201.

② David E. Wilkins & Heidi K. Stark, *American Indian Politics and the American Political System*, Lanham, Maryland: Rowman & Littlefield Publishers, Inc., 2011, p.207.

③ Armand S. La Potin, *Native American Voluntary Organizations*, Westport, Connecticut: Greenwood Press, 1987, p.7.

实力影响与作用下的结果,是政治/历史因素的产物。[①]历史上,印第安人曾以部落联合等形式与美国进行过一系列的努力与抗争。但这些行动在性质上并不是利益集团活动,而且最后也往往以失败告终。

印第安人被纳入美国化与公民化进程后,作为一项重要的同化措施,美国政府曾设法将印第安人儿童强制集中在保留地以外的寄宿学校。这就使来自不同部落的印第安人个体之间有了相互了解和交流的机会;这些人受过同样的美国式教育,因此相互之间及其后代之间都倾向于通婚;而同样的遭际和休戚与共的前途、命运,更刺激了他们的共同体意识。于是,在他们的带领、示范下,泛印第安人的思想与运动逐渐开始兴起。[②]和过去部落之间以集体形式进行的联合不同,这种来自不同部落背景的个体基于同种、同命运和共同利益诉求而作的联合,打下了深深的美国化与公民化烙印。[③]在这批人及其后来者的领导下,早期的印第安人利益集团(如美国印第安人社团)固然试图创造泛印第安人联盟,通过纠正美国社会对土著人的不公正行为来促进融合,[④]后来的印第安人利益集团活动,也往往既强调自己跨部落的种族特色与背景,也申明自己的诉求是在美国主权及政治框架之下争取更大的权利(自治等)、利益,而不是想要种族的政治独立。

新政虽然强调重建印第安部落与传统的功能,但泛印第安人意识与运动的前进步伐并没有为此减缓。这是因为:①作为美国社会中的弱势群体,

① Vine Deloria,Jr.,"American Indians",in John D. Buenker & Lorman A. Ratner eds.,*Multicultural-ism in the United States*,Westport,Connecticut:Greenwood Press,2005,p.24.

② William T. Hagan,*American Indians*,Chicago:The University of Chicago Press,1979,p.150;Vine Deloria,Jr.,"American Indians",in John D. Buenker & Lorman A. Ratner eds.,*Multiculturalism in the United States*,Westport,Connecticut:Greenwood Press,2005,pp.29-30.

③ 事实上,"泛印第安"(Pan-Indian)一词,也是迟至1950年查尔斯·布兰特在研究"土著美国人教会"(Native American Church,1918年组成)时才第一次使用。See Joseph S. Roucek & Bernard Eisenberg,eds.,*America's Ethnic Politics*,Westport,Connecticut:Greenwood Press,1982,p.54.

④ 参见[美]方纳:《给我自由! 一部美国的历史》(下卷),王希译,商务印书馆,2010年,第891页;李剑鸣:《文化的边疆——美国印第安人与白人文化关系史论》,天津人民出版社,1994年,第332页。

要实现全体印第安人的诉求与利益，确实越来越有赖于他们内部各政治单位之间的团结协作。美国印第安人全国代表大会便说，自己的"首要目标之一，便是团结各部落，以对付那些与众人相关的事务和议题，由此，印第安人便可以对国事统一发声"①。②部落本身也在变化。经过美国化与公民化运动后的印第安人已经分化，这使得部落既不能像过去一样得到所有成员的认同，也不能得到单个成员无保留的完全认同。那些认为部落不能满足或不能完全满足其需要，而又或多或少仍然保留着印第安身份认同的人，现在也具备更多条件跑到部落框架以外而在美国政治框架以内去追求他们的目标了。这都为跨部落的泛印第安人意识与运动的扩展提供了绝佳土壤。联合使印第安人获得了更大的动员能力与更广大的群众基础，有助于他们超越个人、本地及部落的限制，在美国社会进行更高程度的政治参与。

　　二战以来的一系列变化，继续推动了泛印第安人意识、运动的扩展，从而为印第安人利益集团活动的兴起准备了更为充实的内在基础。首先是在二战期间，有占总数约六分之一的印第安人到保留地以外，参与了和战争有关的工作。在相互及与白人的交往过程中，他们既增强了跨部落的印第安人种族意识，同时也提高了以政治、法律途径维护权利的意识与能力。美国印第安人全国代表大会中的很多精英，便来自退伍老兵。《纽约时报》1952年的报道还说："在印第安人的地盘上（country），四处洋溢着全新的、退伍军人领导下的权力意识。"其次，二战以后，印第安人开始卷入城市化大潮。1940年，城市人口只占印第安人总量的8.1%；1950年，这个数字就上升为16.3%了；其后，1960年为27.9%，1970年为44.9%，1980年超过半数，已达到52.7%。离开部落与保留地的印第安人，一方面其原有的狭隘部落观念及认同均空前淡化；另一方面，全新而陌生的非印第安社会环境，也迫使其思考并重新界定自己的身份认同。作为主流社会中的弱者，有着共同族性、信仰、传统、

---

① Theodore W. Taylor, *American Indian Policy*, Mt. Airy, Maryland: Lomond Publications, Inc., 1983, p.132.

历史、文化，尤其是现实处境的他们显然更易产生相互共鸣与信任，也更有协作的需要和动力。这就是跨部落的印第安人认同在市民当中迅速得以扩展的原因。全国城市印第安人委员会（National Urban Indian Council）试图在全国范围内将城市印第安人组织起来。类似的组织还有"美国印第安人联合"（American Indians United）等。民权时代的众多激进组织，基本上也以印第安人市民为基础。再次，20世纪60至70年代印第安人传媒的迅速发展，也为印第安人权利意识的增长和泛印第安人意识与行动的扩展立下了汗马功劳。①由此，印第安人激进主义已是山雨欲来。当时昙花一现的"终结"政策，本意在于结束联邦对印第安人的特殊对待，不想适得其反，"自然而然地在印第安人中刺激出共同的反对声音"。加上成长起来的印第安人年轻一代很多人进入大学，他们不光熟悉美国式的权利话语、政治运作及当时校园流行的激进思潮，而且政治眼光也更为高远，绝不局限于一己一地或是某一部落。当时很多激进团体，特别是大名鼎鼎的全国印第安人青年协会，背后都活跃着这批年轻领导者的身影。在同时代黑人群众运动的示范效应与声援下，印第安人利益集团活动最终以激进的形式，在民权时代登上了美国政治舞台。②

---

① 印第安人激进主义者从早期的捕鱼示威中就学会了两点："一是要补偿部落受过的苦难，得采取部落或跨部落组织的联合，集体行动；二是要获得司法或立法审查，关键在于吸引国家媒体的注意。"See Joane Nagel, *American Indian Ethnic Renewal: Red Power and the Resurgence of Identity and Culture*, NY: Oxford University Press, 1997, p.162.这里说的还不是印第安人自己的媒体。

② See Stephen Cornell, *The Return of the Native: American Indian Political Resurgence*, NY: Oxford University Press, 1988, pp.103–105, 120, 124–125, 132–139, 175; David E. Wilkins & Heidi K. Stark, *American Indian Politics and the American Political System*, Lanham, Maryland: Rowman & Littlefield Publishers, Inc., 2011, p.194; Vine Deloria, Jr., "American Indians", in John D. Buenker & Lorman A. Ratner eds., *Multiculturalism in the United States*, Westport, Connecticut: Greenwood Press, 2005, pp.37–38; Robert K. Thomas, "Pan-Indianism", in Stuart Levine & Nancy O. Lurie, eds., *The American Indian Today*, Deland, Florida: Everett/ Edwards, inc., 1986, p.82.

第三,印第安人利益集团活动的兴起与扩展,也与 20 世纪以来美国联邦资助机制的推出、改革及随后印第安人的经济、社会发展息息相关。

使印第安人彻底放弃部落关系和集体观念,习惯定居的农业生活,接受"文明社会"的个人主义与私有财产观念,成为一个按白人方式生活的美国人,是 19 世纪 70 年代至 20 世纪 30 年代对印第安人美国化与公民化改造计划的主要目标。为此,美国政府采取了剥夺部落主权、将部落共有土地分配给印第安人个人等办法。这些办法最后虽然都没有达到本来目的,却在印第安人当中造成了利益分化的格局。其后,新政尽管对部落政府进行了自由主义的改造,但其强化部落的做法,仍因此而受到那些接受了个人主义及私有制观念的印第安人攻击。新政同时加强了各个部落的事权,这也更容易使部落成为矛盾的中心,常常因与部落内部及跨部落势力产生意见、利益的分歧而遭受质疑。尤其是新政采取不断加大资助力度,以推进印第安人社区及经济发展的办法,更为印第安人的内部矛盾火上浇油。很多印第安人不再信服传统的共享主义,也不再像过去一样羞于谈利,分化重组、为争取自己的利益而奔走,逐渐成为常态。因此,新政本意虽是试图重建印第安人的群体性,实际发展的结果却是印第安人更为严重的内部分化。1946 年《印第安人权利申诉委员会法案》允许印第安人为过去受到的不公正对待而向美国政府申诉索赔。1946—1977 年间,印第安人为此获得的土地补偿就高达 6.5 亿美元以上。①这在强化部落间利益分化的同时,也刺激了印第安人组成利益集团进行游说、活动的积极性。与此同时兴起的印第安人城市化大潮与跨部落意识、行动,更是大大增加了印第安人内部利益格局的复杂性,提高了他们表达诉求、实现利益的欲望和能力。

利益分化与利益诱惑还在持续增大。20 世纪 60 年代以来,随着"终结"

---

① Stephen Cornell, *The Return of the Native: American Indian Political Resurgence*, NY: Oxford University Press, 1988, p.158.

政策本身的终结,联邦开始更为注重印第安人的公民权利(福利)及保留地的经济发展。为"纠正过去和当前由于种族和肤色而在众人中受到歧视所产生的后果"(林登·约翰逊语),联邦还特意推出肯定性行动计划。1964 年《经济机会法案》(Economic Opportunity Act)以国家名义向贫困宣战,印第安人即被包纳为帮扶对象。1965 年,约翰逊总统的行政命令又明确将印第安人列为联邦有意进行照顾、补偿的少数群体之一,因为他们过去曾受或现在仍有可能受到不公正的对待。为此,印第安人不仅成为当时反贫困运动中最重要的机构——经济机会办公室(OEO)的项目资助对象,而且在这一机构及其他政府部门中,还设立了印第安人"专组"(Indian desks)。这就进一步绕过了印第安人事务管理局的中介,推动了印第安人各主体在争取联邦更多资助上的竞赛。游说由此变为非常必要。到 1970 年,保留地还设置了超过 60 个社区行动署。这些计划,"成为联邦出钱,以减缓保留地贫困,同时提高印第安民族实现其自身政治目标的能力的大水管"①。

随后,印第安人及其部落经济、社会的发展与收入的增加,又进一步促进了他们之间观念、利益的细化与分化,同时催生了对各种各样服务性组织的需要。20 世纪 60 至 70 年代以来,一些以专门事务为导向的印第安人利益集团纷纷成立,如印第安人治下学校董事会联盟(Coalition of Indian-Controlled School Boards)、美国印第安人高等教育协会(American Indian Higher Educa-tion Consortium)、住房协助委员会(HAC)、美国印第安人医生协会(Associa-tion of American Indian Physicians)等,就是这一趋势下的产物。同时,印第安人法律利益集团也先后涌现,如印第安人法律资源中心(Indian Law Resource

---

① See David E. Wilkins & Heidi K. Stark, *American Indian Politics and the American Political System*, Lanham, Maryland: Rowman & Littlefield Publishers, Inc., 2011, p.207;金里卡等人编制的《土著民族多元文化主义政策指标体系》中美国印第安人部分,See Veldon Coburn, *Multiculturalism Policy Index: Indigenous Peoples*, School of Policy Studies, Queen's University at Kingston, Canada, 2011, p.55;Stephen Cornell, *The Return of the Native: American Indian Political Resurgence*, NY: Oxford University Press, 1988, pp.158, 175, 201.

Center)、土著美国人权利基金会(Native American Rights Fund)。①有学者甚至说:"1975 年以来各种(印第安人)组织的激增,使得对其进行一个全盘调查都变得很困难。"②

不少保留地还开始将他们土地上的矿产资源出租给非印第安人开采者,成为其收入的主要来源。但由此带来的利益分配、事务纠纷、环境保护等问题,使印第安人不得不更多地与各级官方机构、主流社会、跨国公司及至部落内外的各种利益主体打交道。出于不同的目的与诉求,相关的印第安人利益集团开始活跃起来。这当中,既有注重文化保持、反对经济开发的全国印第安人青年委员会、美国印第安人环境委员会(American Indian Environmental Council)、纳瓦霍解放联盟(the Coalition for Navajo Liberation)等;也有以帮助各成员部落发展能源同时提升其福利为宗旨的能源矿产部落理事会(Council of Energy Resource Tribes)等;还有环境保护委员会(Environmental Protection Commission,由纳瓦霍部落成立)这种专门定位于某些保留地具体环境保护事宜的组织,等等,不一而足。③

20 世纪 80 年代以来,里根政府强化州权,结果使部落和相关地方政府之间的矛盾纠纷增多;同时,它大力削减联邦对部落的资助,但作为补偿,又鼓励部落自谋出路,设立赌场。1988 年国会制定《印第安人赌博管理法案》(Indian Gaming Regulatory Act),规定各部落有权开办数种形式的赌博业,只要所在州也开办了类似业务。赌场的开办,为一些部落带来了丰厚的利润,

---

① Theodore W. Taylor, *American Indian Policy*, Mt. Airy, Maryland: Lomond Publications, Inc., 1983, pp.148-154.

② Armand S. La Potin, *Native American Voluntary Organizations*, Westport, Connecticut: Greenwood Press, 1987, p.x, "preface".书中将此类社团分为"政治 - 改革""文化 - 教育""社会 - 交友(fraternal)"及"专业性"团体等几类。

③ Stephen Cornell, *The Return of the Native: American Indian Political Resurgence*, NY: Oxford University Press, 1988, pp.158, 175, 201; Duane Champagne, ed., *Chronology of Native North American History*, Detroit, MI: Gale Research Inc., 1994, p.402; Joseph S. Roucek & Bernard Eisenberg, eds., *America's Ethnic Politics*, Westport, Connecticut: Greenwood Press, 1982, p.56.

但相关政治、社会问题与经济争端也变得日趋复杂。因为法律规定只有得到联邦承认的部落才有合法经营赌场的资格,而且只有正式登记在案的部落成员才有资格享受赌场利润分成,这就使得争取部落承认和印第安人身份认证成为经济上有利可图、政治上充满争议的事。它们都因此而变为炙手可热的竞争目标。另外,赌场开办后带来的交通堵塞、周边治安及其他社会问题,也需要部落与联邦、相关州及地方政府进行沟通,有些部落不惜"将千百万巨款用于游说和政治募捐等方面";同时,他们还得与作为利益冲突或相关方的赌场投资者、其他部落及公民团体进行各种协商,甚至常常要与反对部落赌场扩张者①进行政治角力……种种问题,不仅刺激了当代印第安人利益集团活动的进一步发展,还造就了一个又一个的新竞争领域与活动重心。正是主要由于印第安人在发展赌博经营,尤其是大型、营利性赌场上的特殊法律地位,近二十年来,"印第安人部落成为美国利益集团政治中的主要玩家"②。

总之,随着 20 世纪以来美国政策的一系列变化,尤其是联邦资助机制的推出与改革,印第安人进入现代化和复杂社会节奏加快,如今他们的利益集团活动也逐渐变得让人应接不暇起来。

三、当代印第安人利益集团活动的影响及其变化趋势

像印第安人这种以有色种族或少数族群为背景和基础的利益集团活动,在 20 世纪中叶前的美国,不仅还是一种极稀罕的事物,而且基本上也没有多大生存空间。虽然时至今日,在美国政治结构中,"多元主义理论的利益

---

①　一些反对者为此还专门成立了相应的社团,如康涅狄格反赌场扩张联盟(CAACE)。

②　See David E. Wilkins & Heidi K. Stark, *American Indian Politics and the American Political System*, Lanham, Maryland: Rowman & Littlefield Publishers, Inc., 2011, p.207;马全忠:《印第安民族运动史》,联经,2008 年,第 116 页;Michael Nelson, "Politics of Tribal Recognition: Casinos, Culture, and Controversy", in Allan J. Cigler & Burdett A. Loomis, eds., *Interest Group Politics*, Washington, DC: CQ Press, 2007, pp. 65–67.

集团可能包括种族集团,但首先指的是以经济为根据划分的地域集团、职业集团和产业集团"①,但种族集团及其活动不但早已成为当代美国司空见惯的现象,而且也享受来自宪法与法律的保护了。印第安人种族利益集团活动的出现、兴起与扩展,一方面与对原来不宽容文化多样性的美国多元主义的改革互为因果;另一方面,也使得原本弱势的印第安民族状况与命运从此完全改观。种族集团的参与改变了美国多元主义,而美国多元主义也改变了种族集团乃至种族本身。

第一,利益集团活动因其多元主义性质,故而比以往各种政治模式都更符合开始美国化与公民化进程后内部日益分化的印第安人状况与需要。与之相应,当代印第安人利益集团活动的形式与诉求也呈现出越来越强的多元化特征。

始于 19 世纪晚期的美国化与公民化进程,使得印第安人的内部分化成为必然。有学者曾将此后印第安人的各种诉求与目标归纳为两类四种。一类是在如何看待印第安人与白人关系上,有改革(reformative)与转换(transformative)两种态度:改革性目标试图维持过去印第安人与美国之间"政府对政府"的关系,并在这一既定结构中为印第安人寻求更大的利益,它"很大程度上要求放弃对印第安人–白人关系框架作出根本改变,只想在框架以内得到对各种服务、资源或酬金的重新分配";转换性目标则要求改变这个结构本身,它"不只想在印–白关系流行框架内寻求酬金的重新分配,还试图从根本上重组此类关系"。另一类是在如何看待美国主流社会建制上,同样有融合(integrative)与分离(segregative)两种态度:融合性目标"很大程度上都认为将印第安人置于欧裔美国人经济与政治建制中是适宜的";分离性目标则"质疑印第安人社区进入主流群体经济与政治建制和文化的正当性,它认为后者对印第安人的要求视若无睹,有损于印第安人的利益,或对文化独特的

---

① [美]亨廷顿:《失衡的承诺》,周端译,东方出版社,2005 年,第 11 页。

印第安社区的生存构成威胁",因此"在根本上反对同化和文化适应"。将这两类目标加以组合,就成了印第安人的四种诉求,如下表①:

对印－白关系 ＼ 对主流建制	改　革	转　换
融合	1.改革－融合型(修补关系框架同时接受白人建制)	2.转换－融合型("改变框架但接受建制")
分离	3.改革－分离型(修补关系框架但拒绝白人建制)	4.转换－分离型("改变框架同时拒绝建制")

在对印第安人实施强制美国化与公民化战略的 19 世纪 70 年代至 20世纪30 年代,受制于美国严格限制文化多样性等因素,当时的印第安人利益集团往往以转换–融合为诉求。"土著美国人教会"及美国印第安人社团都赞同印第安人进行文化转换与文化适应,并试图利用主流社会体制机构为印第安人谋求利益。少数例外如以维护印第安人在纽约西部条约权利为目标的美国印第安人保卫联盟(Indian Defense League of America,成立于 1926 年),也往往出自那些与白人长年打交道的印第安人手笔。②

从新政开始,印第安人利益集团活动开始复杂化。新政重建印第安人部落、恢复其文化决定权,同时增大投资、帮助其经济发展的办法,刺激了改革–融合型利益集团的发展。美国印第安人全国代表大会致力于维护部落的权利与生存,但同时为印第安人作为美国公民的选举权而奔走,就是典型。与之相对的,也有反对新政、继续追求转换–融合型目标的美国印第安人联盟等。它们之间的对立实际上来源于其时印第安人本身的分化。

民权时代以降,印第安人利益集团活动更是出现了光怪陆离的多元化特征。

---

① See Stephen Cornell, *The Return of the Native：American Indian Political Resurgence*, NY：Oxford University Press, 1988, pp.152–155. 在该书基础上经过笔者较大的修改补充形成此表。

② Stephen Cornell, *The Return of the Native：American Indian Political Resurgence*, NY：Oxford University Press, 1988, pp.188, 191.

第一,是改革-融合型利益集团从联邦对印第安人的文化多元主义确认及其一系列经济、社会资助政策中,得到了进一步发展的丰厚土壤。今天越来越多的那些试图在联邦划定的框架内为自己争取更多政治、经济利益的印第安人利益集团,基本上也可划入此类。

第二,转换-融合型利益集团活动也在逐渐增多。这主要来自于当时城市印第安人数量的巨幅攀升。对他们中很多人而言,维持原来的部落政治框架显然已经不再适合;寻求主流社会更大程度的接纳,成为他们的不二选择。与此类似的还有部落政府。这些政府虽然也要求由印第安人自决、自治,但它们在新政时已经依照主流社会的框架进行了自由主义的改造,运作方式已经相当美国化。同时,它们的福利与发展,现在也越来越与美国主流社会密不可分。因此,过去往往要求改革-融合的它们,如今也将转换-融合视为更重要的诉求。

第三,最为引人注目的,是转换-分离型利益集团活动开始崛起。这一是来源于对现状不满的新一代印第安人,尤其是那些作为精英的退伍老兵、大学生,以及离开了保留地的市民,这些人"更倾向于将注意力集中在其民族——仍其旧的被征服状态,同时倾向于将流行的印-白关系结构视为约束,他们试图走出去"。再也因为联邦此前的终结政策让印第安人再一次感受到民族生存危机,因而"在绝大多数印第安人社区中强化了对联邦意图的质疑,刺激了由部落掌控印第安人事务及对部落主权作出永久保证的新需求"。当然,民权运动中各非主流人群、文化纷纷向主流挑战的时代风尚,也是原因之一。跨部落组织如美国印第安人运动、全国印第安人青年委员会、美国印第安人环境委员会等,往往都既挑战过去的政治框架,又质疑白人主流文化,关心土著人自我文化的生存。它们提出"红权"概念,要求由印第安人控制印第安人的所有事务,反对来自任何人,尤其是那些允许白人代表印第安人利益的部落长者的干预(这反映出"印第安人青年大学生与他们的长辈之间的分歧")。[1]和他们一样提出转换-分离型目标的,还包括部落层次以下一些传统主义者的组织。这些人往往反对部落政府扩权,反对"部落社区经由四面开花的经济发展和部落官僚机构的膨胀,日益融入主流制度框架"[2]。

当代印第安人利益集团活动的分化,不仅反映在上述的诉求多元化(当然这是最主要的)上,还体现于各集团组合形式的多层次性[3]、活动分工的日益明确精细化及专业领域的扩展等等方面。民权时代以来,虽然有证据表明,"保持和重申印第安人政治、经济和文化认同,在绝大部分时间和绝大部分土著人那里,仍是一个中心要务",至今也不例外[4],但印第安民族显然早已不是铁板一块了。与过去他们以不同部落为单位分列于美洲大陆不同,现在的印第安人不但可能以国民(公民)、种族身份、部落成员等不同层次来定义自己的身份认同,还有可能从属或交叉从属于不同背景、诉求、层次、专业领域的各种利益集团。[5]他们"越来越多地采用组成非部落形式的集团的办法,以在一个文化多元的社会定义自身的独特性。有些人使用他们的组织用

[1] Joseph S. Roucek & Bernard Eisenberg, eds., *America's Ethnic Politics*, Westport, Connecticut: Greenwood Press, 1982, p.54.

[2] See Stephen Cornell, *The Return of the Native: American Indian Political Resurgence*, NY: Oxford University Press, 1988, pp.160–161.

[3] 有人将其分为五类:部落内组织［如纳瓦霍土著美国人教会（Navajo Native American Church）］、部落组织(各个部落)、部落之间的联合组织［如"全国部落主席协会"（NTCA）、"能源矿产部落理事会"等］、印第安人个体组织(或称泛印第安人组织、跨部落组织,如"美国印第安人社团"及民权时代成立的很多激进组织)、部落外的联合组织［如土著美国人土著环境联盟（NECONA）,部落间北美野牛合作会(ITBC)也与部落外很多组织有联合］。David E. Wilkins & Heidi K. Stark, *American Indian Politics and the American Political System*, Lanham, Maryland: Rowman & Littlefield Publishers, Inc., 2011, pp.191–201.

[4] David E. Wilkins & Heidi K. Stark, *American Indian Politics and the American Political System*, Lanham, Maryland: Rowman & Littlefield Publishers, Inc., 2011, p.190.

[5] 而印第安人利益集团也以不同的方式归类——"通过目的、规模,通过是否全是印第安人或既有印第安人也有非印第安人,通过资金来源和一般效果"。See Theodore W. Taylor, *American Indian Policy*, Mt. Airy, Maryland: Lomond Publications, Inc., 1983, p.132.

来加入美国主流社会。另一些人使用它们，则是想从一个更广阔的盎格鲁社会中获取他们自己文化发展的根本"①。

民族、人种的多元性与政治、经济等方面的多元性的相遇，使得包括印第安人在内的公民之间在观念、利益上的多元化对立变得越发不可回避。作为这些观念、利益的表达与实现手段，以及它们之间的多元化对立的调整与解决方案，利益集团活动将因此而日益成为日常政治生活中不可或缺的内容。②印第安人利益集团活动的兴起，既来源于日益多元化的现实，同时也最符合这种现实的需要。它不仅推动了美国由传统的政治、经济多元主义扩展为从政治、经济到文化等各方面的多元主义，而且也将原本只是内在于美国政治与西方传统的多元主义也植入了印第安人当中。

第二，利益集团活动是一种以理念、利益为杠杆的竞争性政治，故而比以往各种政治模式都更适合并且能进一步刺激印第安人日益高涨的政治参与热情。相应地，当代印第安人利益集团活动也呈现越来越强的主动性，与美国政府及主流社会的互动性也空前增强。

19世纪70年代开始的强制美国化与公民化战略结束了过去印第安人部落与美国联邦之间的双边关系。此后60年，美国印第安人政策的制定与实施，几乎全都是白人社会及其政府在唱独角戏。新政名义上恢复了部落与联邦之间的"双边契约关系"，但由于它自身仍摇摆于文化多元主义与同化主义之间，所以还是采取了严格限制印第安人权力、更多将其交由印第安人事务管理局和国会管束的办法。③因此，作为白人自我反省、自行推动并调整

---

① Armand S. La Potin, *Native American Voluntary Organizations*, Westport, Connecticut: Greenwood Press, 1987, p.9.

② 参见[日]内田满：《现代美国压力政治》，唐亦农译，复旦大学出版社，2007年，第65~66、187页。

③ Peter Nabokov, ed., *Native American Testimony: A Chronicle of Indian-White Relations from Prophecy to the Present, 1492-1992*, NY: Penguin Books, 1991, pp.325-326, 329.

的产物,新政所承诺的新双边主义"从本质上说是一种经过了掩饰的单边主义"①。这一时期的印第安人利益集团活动,也主要是相关政策变化的附属产品;和现实中印第安人群体的绝对弱势一样,它们还不具有较强的主动性,更不用说与主流社会互动了。

民权时代以来美国印第安人政策的一系列调整,使单边主义彻底成为了历史。同时代印第安人利益集团活动的兴起与之后的扩展,既是这一政策调整的结果,也是其最有力的促进原因之一。诞生于20世纪60至70年代激进主义运动中的那些新型利益集团,跨部落组织自然不用说,就是那些部落层次以下或由印第安人个体成立的组织,绝大多数也和部落、部落政府及印第安人事务管理局并没有实质性的从属关系。相反,通过在华盛顿设立办事机构、进行法律诉讼乃至发起过激行为,它们往往绕过这些中介或限制,直接对美国官方及主流社会发出自己的声音。就像翁迪德尼占领事件中发生的那样,他们大胆要求恢复自己的文化权利和过去的条约权利,撤除那些不对印第安人及其福利负责的管理机构与人员,鼓吹由印第安人来掌握他们自己的内部事务。这些人从联合中获得了更大的力量,他们不仅对之前印第安人与白人社会之间压迫性的政治框架进行了有力的反叛和冲击,还把自己过去受到的种种不公正待遇都归因于白人的同化主义,并予以不遗余力的攻击。

对这些诉求,民权时代的美国政府基本上做出了肯定性的回应,"大多将政策目标和印第安人各群组的偏好合而为一"②,这就对印第安民族的政治命运产生了转折性的影响。他们的文化特殊性不仅由此得到承认,自治、自决的权利也得以恢复,还获得了参与联邦制定、实施涉及印第安人的政策

---

① Stephen Cornell, *The Return of the Native: American Indian Political Resurgence*, NY: Oxford University Press, 1988, p.193.

② Emma R. Gross, *Contemporary Federal Policy toward American Indians*, Westport, Conn.: Greenwood, 1989, p.107.

的保证。有了这种种制度保障以后,印第安人利益集团活动,不论其出于何种目的与诉求,在本身的主动性及与主流社会的互动性方面,都达到空前的水平。由于与自己的真实欲望和切身利益密切相关,印第安人参与主流社会政治游戏的政治热情被空前地调动起来了。他们人数的总量少,在一般政治选举中容易受到忽视,而部落政府又不能充当印第安人的完全利益代表,因此,通过利益集团活动弥补缺陷,对于当代印第安人来说,也就尤为紧要。单边主义的废除,不仅使得他们的利益保障机制不再停留为一句空话,还使他们比以往任何时候都更接近于一个美国化和公民化了的族群。

第三,多元主义是在一定共识框架基础上的多元化,通过有效维护弱势民族的公民权益,它比以往各种政治模式都更有利于既消除主流社会的同化主义,又消除印第安民族的激进主义与分离主义,增进并改善统一民族国家的内部联合。相应,当代印第安人利益集团活动在去激进化的同时,变得越来越常态化;印第安民族的美国化与公民化程度也空前提高,甚至出现了某种族群化的发展趋势。

抗议、示威等激进行动,是社会中"无权无势"集团的一种政治策略,"那些本身不具有影响决策者的途径或资源的集团,只能使用争取同情和支持的非常规手段",它"通常是那些在政治体系中没有承担重要精英人物角色的少数民族集团或青年人的参与方式"。①美国民权时代的政策改进,使得印第安人相对、逐渐地摆脱了在美国社会无权无势的状态;相应地,印第安人利益集团活动的激进性也很快得以消除。文化特殊性在美国政治框架内基本上得到承认与包纳的印第安人,既用不着像过去一样以宗教-社会运动的形式对白人的同化主义进行拒斥,也没有多大必要再像民权时代一样经常

---

① [美]阿尔蒙德、鲍威尔:《比较政治学——体系、过程和政策》,曹沛霖等译,东方出版社,2007年,第195页。

采取占领、武装对峙等激进办法来吸引注意、寻求解决。①相反,如今他们面临的诸多问题,采取的诸多行动,无论是保护传统生活方式(捕鱼、狩猎等)及传统文化、环境、土地、矿产、水等资源,还是争取联邦资助与补偿、平等权利、部落承认,抑或推动立法、竞选及解决赌场设置等纠纷……都已经变得"足够庸常化",无非是些"谁来得到工作、金钱、土地及权力"之类的事务,②虽然还时常保留着浓厚、强烈的种族色彩,但已经越来越接近普通意义上的美国利益集团活动。而且对于诸如此类问题的解决,采用美国主流社会利益集团活动通用的那些手段(如宣传鼓动、自我教育、辩论动员、政治游说、经济谈判、利益博弈、法律诉讼等),也成为大家更能接受同时也更为有效的选择。因此,当代印第安人即使追求的不是典型美国式的目标,采用也往往是高度美国化的办法。

印第安人利益集团活动兴起与扩展的结果,是让过去自认为是民族(nation)的印第安人变得越来越接近并自认为是美国众多普通的少数群体(minority group)之一,很多部落都出现了传统联系与基本认同明显衰退甚至消失的现象。连民权时代以激进出名的全国印第安人青年协会领导人之一杰拉德·韦尔金森(Gerald Wilkinson)后来也说:"在人们眼里,部落越来越不是一个要么由血缘、要么由仪式(ceremonial)之类的人际关系联结起来的团体(community)。它被认为跟公司一样。诸如家庭、宗族、仪式社会之类的部落体制,正为公司

---

① 即使在印第安人激进主义泛滥的民权时代,也并不是所有印第安人都支持激进派所采用的办法。"美国印第安人运动"曾在当时被某保留地中的地方领导层批评为只知对立,不懂得妥协谈判,就是例子。See Peter Nabokov, ed., *Native American Testimony: A Chronicle of Indian-White Relations from Prophecy to the Present, 1492–1992*, NY: Penguin Books, 1991, pp.376–380.

② Stephen Cornell, The Return of the Native: American Indian Political Resurgence, NY: Oxford University Press, 1988, p.162. 早在激进主义的"红权"运动及其支持者们那里,就强调"印第安人自有其文化、传统、历史及社群,他们想保留这一切——但是他们也想要公平的正义,经济机会,能接受教育,以及在媒体与史书中得到更准确的印第安人形象"。See Roy Johnson, Joane Nagel & Duane Champagne, eds., *American Indian Activism: Alcatraz to the Longest Walk*, Urbana: University of Illinois Press, 1977, p.38.

体制所取而代之。"①这些变化使得"从某种意义上说,印第安人已经成为美国的一个族群(ethnic group),而不是由特定部落少数民族(nationalities)结成的一个小型共同体"②。人们也不像过去一样只强调作为印第安人的集体权利与社会文化权利,而是也像其他任何种族、族群背景的美国普通公民一样,越来越多地采用自由结社来表达和争取政治、经济方面的利益,反对针对他们的歧视与偏见。

自由结社"是在个人与国家之间起调解作用的主要工具",通过它,"个人可以将自己与政治体系有效地并有意义地结合起来";社团成员身份可以给个人"一整套跟正式结构结合得更紧密并能够满足他的各种利益需要的政治资源"。③因此,尽管各利益集团在特定问题上可能相互冲突,但这种冲突却"是在广泛认同的基本政治价值的框架内展开的"④。当代印第安人越是强调、维护自己在现代社会和复杂社会中的各种权益,就越发现自己与美国官方、主流社会及国家之间已经发生并将继续保持不可分割的联系;他们越是通过参与利益集团活动来实现自己的目的,就必然会越深地卷入美国政治结构,越有必要服从甚至倚赖于美国主流社会的政治规则,同时自身也就越接近于那些普通意义上的美国公民。无怪乎有学者认为,从20世纪70年代开始,已经出现了一个印第安人-白人关系的"新的合流(incorporative)阶段"⑤。种种巨变甚至使得当代美国印第安人问题也已经悄然变质,正如民权运动的领袖之一、著名印第安人学者小德罗里亚后来所承认的:"因为种族

---

① Stephen Cornell, *The Return of the Native: American Indian Political Resurgence*, NY: Oxford University Press, 1988, p.211.

② Vine Deloria, Jr., American Indians, in John D. Buenker & Lorman A. Ratner eds., *Multiculturalism in the United States*, Westport, Connecticut: Greenwood Press, 2005, pp.38–41.

③ [美]阿尔蒙德、维巴:《公民文化——五个国家的政治态度和民主制度》,张明澍译,商务印书馆,2014年,第248~249页。

④ [美]亨廷顿:《失衡的承诺》,周端译,东方出版社,2005年,第9页。

⑤ Stephen Cornell, *The Return of the Native: American Indian Political Resurgence*, NY: Oxford University Press, 1988, p.162.

与文化差异而在一百年前被可笑地帖上'问题'标签的印第安人'问题',最后看起来已经发展演变为社会问题事务,它应该也会像这一领域其他类似问题一样得到最终的解决。"①

① Vine Deloria, Jr. Evolution of Federal Indian Policy Making, in Vine Deloria, Jr., ed., *American Indian Policy in the Twentieth Century*, Norman：University of Oklahoma Press, 1985, p.256. 当然,和美国众多普通利益集团活动一样,种族利益集团活动也而临种种问题和指责,如逃不过"寡头统治铁律",由于资源、机会占有及其他起点上的不平等,掌握更多权势的人或集团组织、活动甚或操纵能力更强,容易以此压迫、排斥组织程度和能力都更弱的其他人或集团;过度竞争或导致资源浪费、政府承受超负荷的压力,及对公共、长远利益的损害;造成分裂,或有损共同理想的形成,不利于统一民族国家认同感的建构等等。参见[英]米勒、波格丹诺主编：《布莱克维尔政治学百科全书》,邓正来译,中国政法大学出版社,2002 年,第 579 页；[英]安德鲁·海伍德：《政治学核心概念》,吴勇译,天津人民出版社,2008 年,第 220 页；谭融：《美国利益集团政治研究》,中国社会科学出版社,2002 年,第 59 页。这些问题和指责往往都有事实根据,如 1971 年成立的"全国部落主席协会"就是一个最好的例证。它是"少数几个直接参与联邦印第安人政策制定与行政决定的印第安人利益集团之一",虽然充当了印第安人内外不同主体之间利益冲突的缓冲器,但在获得联邦中的优势地位之后,"其他印第安人利益集团就基本上受到忽略,有时还遭受压迫了"。David E. Wilkins & Heidi K. Stark, *American Indian Politics and the American Political System*, Lanham, Maryland：Rowman & Littlefield Publishers, Inc., 2011, p.193.但是一则本书对种族利益集团兴起的评价主要是正面的,二则本书的主要任务不在于评论这些问题,三则篇幅所限,故虽承认它们的客观存在,却从略处理。

余论　从《美国生活中的同化》中的同化模式说起

认同问题在由大量不同文明背景的人组成的分裂国家中尤其突出。

——塞缪尔·亨廷顿①

一、戈登是个什么主义者?

马萨诸塞大学阿姆赫斯特分校荣誉教授米尔顿·M. 戈登(1918—)是以研究种族和族群问题闻名的社会学家。2002年,他还荣获美国社会学协会国际移民分会颁发的该领域最高荣誉之一的"杰出职业生涯奖"。其名著《美国生活中的同化》②自1964年由牛津大学出版社出版以来,不仅于次年即斩获两个奖项(安尼斯菲尔德-沃尔夫种族关系图书奖及美国基督教与犹太人联合会兄弟情谊奖),多年来,还"始终是美国研究种族和族群问题研究生的必读参考书,具有广泛的学术影响,并被奉为研究美国种族和族群问题的世纪经典"③;最近,又由译林出版社推出了该书中文版(北京大学教授马戎先生翻译)。

---

① 　[美]亨廷顿:《文明的冲突》,周琪等译,新华出版社,2013年,第105页。

② 　[美]米尔顿·M. 戈登:《美国生活中的同化》,马戎译,译林出版社,2015年。Milton M. Gordon, *Assimilation in American Life：The Role of Race，Religion，and National Origins*, NY：Oxford University Press, 1964.另,值得一提的是,戈登书中所用的"同化"(assimilation)一词均为中性含义,与汉语语境下的贬义用法是不同的。

③ 　马戎:《知识分子在社会族群结构和族际交往中的角色——读〈美国人生活中的同化〉》,《社会科学战线》,2013年第7期。

书中创见甚多,其中对美国历史上及现实中的同化理论三种模式[即"对益格鲁的遵从"(Anglo-Conformity)论(以下简称益格鲁遵从论)①、熔炉(The Melting Pot)论及文化多元主义(Cultural Pluralism)]的总结,因其简洁精练和强大的概括能力,尤为著名,至今仍为学术界不断讨论、引用。

不过人们虽然关注戈登的总结,却常常忘记或忽略总结者自己的意见。其实,正如戈登本人所说,他写这本书,既为客观地描述美国社会结构和群体关系的性质与问题,提出并检验有关美国群体生活的理论,也是为了在此基础上,"归纳出可供我们长期努力的奋斗目标,以根除被编织进美国生活经纬中的那些以种族、宗教教义、祖籍民族为基础的偏见和歧视的线缕"②。这就清楚地表明本书既是力求反映客观现实的描述性研究,也是试图表达作者主观意见的规范性研究。那么戈登究竟主张什么呢?他支持自己所总结的三种模式中的一种或多种吗?还是都不支持?抑或另有想法?

二、戈登是"对益格鲁的遵从"论者吗?

益格鲁遵从论是戈登总结的第一种美国同化理论模式,它"要求移民们接受美国的益格鲁–撒克逊核心群体的价值观念与行为方式,彻底放弃自己祖先的文化"③。

从某种意义上说,戈登是支持益格鲁遵从论的。他清楚而又着重地指出,坚持"对益格鲁的遵从"之信念是"美国实现同化所需要的目标";尽管它与种族主义时有交叉,但人们由此相信益格鲁体制具有文化优越性并为美

---

① 中文版将 Anglo-Conformity 译为"益格鲁一致性",这里按笔者的理解作了改译。

② [美]米尔顿·M. 戈登:《美国生活中的同化》,马戎译,译林出版社,2015 年,第 15 页。

③ 同上,第 77 页。

国制度发展及后来移民奠定了一个支配性框架,并不等于就是种族主义。①
更为重要的是,在美国,盎格鲁遵从论的胜利还有客观现实的支持。戈登通
过对美国文明开创者(盎格鲁人)与后来移民的社会学比较印证了这一点。
他不否认非盎格鲁移民群体对于美国文明的贡献,甚至认为"20 世纪中期美
国的伟大是具有不同种族、宗教、民族背景的人们共同贡献的结果",但是说
文化模式自身的影响与对社会进步与发展的贡献是两回事,美国移民及其
子女虽然对后者的作用是决定性的,但他们对美国的贡献却是经由美国文
化塑造的文化模式路径而做出来的,而"美国文化则以具有英国特征的盎格
鲁–撒克逊文化为主体,其支配地位从殖民地时代即已开始,它的文化统治
在美国至今未受到严重的威胁"②。

为进一步表明自己的立场,戈登借用了社会学的两组概念:首先是"初级
群体"(primary group),它是这样一类组织,"其成员的相互接触是个体之间的,
是非正式或'民间'的,是比较亲密而且通常是面对面的,这种关系(被称为
'初级关系',如家庭、儿童游戏群体、密友、社会小团伙及私人俱乐部等——
引者注)牵涉到个人人格的所有方面,而不仅是人格的某些部分";其次是
"次级群体"(secondary group),与"初级群体"相比,这一群体中人们的相互
关系(即"次级关系",如人们在就业场所、社会服务机构及公共场所的接触
与交往)通常是"非个人的、正式的或偶然的、不亲密的,而且是局部性的,在
某些场合中的接触是面对面的,在另一些场合则不是"。③戈登认为,可以将
移民的同化分为七种类型或阶段, 分别是: 文化或行为同化(也叫文化适
应)、结构同化、婚姻同化(也叫血缘融合)、认同意识同化、态度接受同化、行
为接受同化和公民同化。其中,"结构同化"(即移民们"在基层群体层次上,大
规模进入东道主社会的小集群、俱乐部、机构"),而不是"文化适应"(即移民

---

① [美]米尔顿·M. 戈登:《美国生活中的同化》,马戎译,译林出版社,2015 年,第 93~94 页。

② 同上,第 68 页。

③ 同上,第 28 页。

们将原有的文化模式转换为主流社会的文化模式),"才是同化的关键"。因为"文化适应"意味着移民或许只与主流社会的白人新教徒发生次级群体关系,并不必然导致"结构同化";但"结构同化"则意味着移民们已经进入东道主社会的初级群体关系之中,它将必然导致"文化适应"。概言之,"一旦'结构同化'发生,那么所有其他类型的同化将自然而然地随之而生"①。

对于移民在美国能否(甚至于应否)成功实现"文化适应",戈登几乎没有任何疑问。②他说:尽管移民第一代对英语和美国人行为模式还只是部分的接受,但从受美式教育长大、英语已是母语的移民第二代起,"美国文化适应过程的影响已经占据了绝对优势"。在这一点上,盎格鲁遵从论过去已经、现在也将取得完全的胜利。哪怕是来自东南欧和东方、与美国主流文化差距最大的移民们,最终也能顺利地进入到主流社会的次级群体当中。但是戈登强调,"成功的文化适应并不能保证每一个少数群体成员都能够进入白人新教徒的初级群体和社会组织"③。除过去那些与盎格鲁文化极为接近的西欧、北欧移民以外,在其他移民当中,结构上的同化与混合并没有发生;戈登甚至悲观地认为,它们可能永远也不会达到而且也不必要达到。④因此,他相信结构同化是导致盎格鲁遵从论这艘航船"最终沉没的礁石"⑤。

戈登当然也和其他人尤其是熔炉论者(如爱默生)一样,以道德、宽容、正义等理由指责盎格鲁遵从论者时常犯有的偏狭、专断及排外等病症;他还像文化多元主义者一样抱怨盎格鲁遵从论者在对移民进行强制同化时,没

---

① 〔美〕米尔顿·M.戈登:《美国生活中的同化》,马戎译,译林出版社,2015年,第66、74页。

② 同上,第95、227页。当然,戈登注意到了美国文化适应中的两种例外:一是"在空间上被孤立,或在农村地区被隔离开(无论是否自愿)"的少数群体,如保留地中的印第安人;一是受到"不同寻常且十分明显的歧视",一直被剥夺了受教育与就业机会,停留于劣等生存环境中的少数群体,如美国黑人。他们的文化适应过程将极为缓慢甚至被无限期延迟。详见该书第72页。

③ 〔美〕米尔顿·M.戈登:《美国生活中的同化》,马戎译,译林出版社,2015年,第71页。

④ 同上,第225页。

⑤ 同上,第101~104页。

能更多地尊重他人的传统与组织;①但他更独特的贡献则在于从社会学角度否定了盎格鲁遵从论取得完全成功的可能性,进而质疑并挑战了这种"贯穿美利坚民族历史的最流行的同化理念"②。在这个意义上,戈登已经不再是一个盎格鲁遵从论者。他不可能主张一种自己认为终将触礁的学说。

三、戈登是熔炉论者吗?

熔炉论是戈登总结的第二种美国同化理论模式,它"设想的是盎格鲁-撒克逊群体与其他移民群体实现生物学的合并,把它们各自相关文化混合成为一种全新的美国本土文化模式"③。

在其总结的三种模式当中,戈登最不可能成为的就是熔炉论者。他虽然承认并证明了它是一种与盎格鲁遵从论竞争的、"带有更为宽宏和更具理想主义的色彩的观点",但明确表示那种假定美国将变为同质化的"单一熔炉"论只是"一种心胸开阔的理想主义幻想",表露出"相当程度的社会学意义上的天真性"。④他说,按照熔炉论的"理想-典型"设计,即使达到这一过程的顶点即族际通婚,仍然既没有创立新的结构和制度形式,"也没有创造一种无偏见地来自所有族源的新的认同意识";在文化上同样并不是来自各移民群体的不同文化模式得以毫无偏见和公正地熔合,而是"后来的移民们做出的特定文化贡献被浇铸进了已成型的盎格鲁-撒克逊铸模之中"。他们所进入的,与其说是一个大熔炉,不如说是个"转变的炉子"——最终,这些人将丧失自己的族群认同,从社会结构到文化上都遵从盎格鲁模式。⑤美国的熔合

---

① [美]米尔顿·M.戈登:《美国生活中的同化》,马戎译,译林出版社,2015年,第96~97页。

② 同上,第80页。

③ 同上,第77页。

④ 同上,第105、119页。

⑤ 同上,第117~119页。

不是熔炉论宣示的那样公正均平的混合，而是在盎格鲁文化主导下的结合。

　　不过，戈登只是熔炉论的批评、纠正者，而不是反对者。他从社会学意义上发现，熔炉的确存在于美国，不过不是人们通常所谓的"单一熔炉"，而是"多元熔炉"。首先是在白人社区中，出现了分别以新教-天主教-犹太教为单位的"三元熔炉"。白人移民在选择建立自己的初级群体关系时，依各自的宗教有很强的倾向性；而在各自的宗教容器中，他们相互之间的熔合则是跨越民族背景界限的。其他的是非白人种族群体，他们在结构上无法融入白人主流社区，难以与主流群体发生初级关系，但他们构成的族群亚社会也有自己的初级群体、组织和制度，因此在美国"多元熔炉"中也有着重要的一席之地。戈登说，走到这一步，当代美国社会已经可以用"多元主义"来形容了。①

四、戈登是文化多元主义者吗？

　　文化多元主义是戈登总结的第三种美国同化理论模式，它"假定新近移民群体的社区生活和文化的重要组成部分在美国公民权的框架下能够得以保存，同时这些移民群体能够在政治上和经济上被整合进美国社会"②。

　　文化多元主义的理论创始人及主要的哲学阐释者是霍瑞斯·卡伦（Horace Kallen，1882—1974）。但借助于其他学者的意见，戈登实质上否定了卡伦式文化多元主义的合理性与合法性。他批评该理论以强有力的、遗传性的种族特性为基础，以各族群在美国拥有飞地为支撑，还根据个体的族群成员身份预先确定其个人命运，这在美国，要么是虚假的、不现实的，要么就有违民主原则，总归并不切实可行。作为证据，戈登还特意提到卡伦后来对自己

---

① ［美］米尔顿·M.戈登：《美国生活中的同化》，马戎译，译林出版社，2015年，第121页。
② 同上，第77页。

学说的不断反思与修正。①

但戈登仍旧承认,文化多元主义在美国不仅是一个事实,而且也应当得到承认。当然在他看来,作为"多元熔炉"的美国,一方面所有群体都在熔炉中接受大规模和决定性的文化适应;另一方面,在这个熔炉中又出现了以种族和宗教为基础的结构性分离。因此,事实上美国更接近于结构多元主义,而不是文化多元主义,尽管后者作为次要对象也同时存在。过去,盎格鲁遵从论及熔炉论者"都设想移民群体将会在同化进程中丧失自己的社区认同,而且设想那些后来的移民及其后代将会作为个体被吸收进已经存在的'美利坚'社会结构"②。作为反省,后来的结构和文化多元主义则从社会现实和政治伦理那里得到了双重支持:首先,戈登通过对美国的黑人、犹太人、天主教徒以及白人新教徒的案例考察,不仅发现大多数主要宗教基本上都希望"保留某种形式的族群共同体和各自的亚文化","美国各种类型的族群都倾向于把他们大多数亲密和初级群体关系保持在自己族群和社会阶级范围内,同时与美国其他族群和阶级群体开展非个人的次级群体关系";其次,戈登还相信,"适度的结构和文化多元主义与美国的民主理念是可以共存的",因为民主的价值应该保障个人对结构性组织和亚社会归属的自愿选择权利(当然他也有不选择这种组织、归属的权利)。③由此,戈登主张,应当发挥移民亚社会在其原有文化与美国文化之间的"中间地带"作用;政府既无责任、也无权力、同时还没有必要去强制推行种族融合。④

不过,戈登绝非一个毫无保留的结构和文化多元主义者。他警告说,美国应以过分的多元主义导致机能失调的荷兰等国为鉴,避免在不同宗教群体和族群之间的结构性分离上走得太远。因为"从长期发展来看,'必须考虑

---

① [美]米尔顿·M.戈登:《美国生活中的同化》,马戎译,译林出版社,2015年,第138~142页。

② 同上,第122页。

③ 同上,第218、223~225页。

④ 同上,第231、227页。

族群因素'这样一个原则必然会产生社会混乱、冲突和平庸";哪怕是最轻程度的结构性分离,也总容易"催生出不同族群之间较低程度的、地方性的偏见",从而有损团结,使分裂更加难于对抗。他认为无论是美国政府官员、各族群的有关机构组织,还是各社区宗教、族群领袖,都有责任在预防过度的结构和文化多元主义的危险性之上更加审慎。①另外,戈登还相信,虽然次级群体之间的接触不一定导向初级群体关系的建立,但假以时日,不同族群背景的人们仍有可能相互进入初级群体关系。届时,文化多元主义者还将因其维持族群共同体的社会要求受到更大挑战而陷入困境。②

五、戈登不赞成任何一种单一的同化模式

现在我们能下结论说:作为美国同化理论三种模式的归纳者,戈登虽然可以认定为盎格鲁遵从论、熔炉论或结构与文化多元主义中任何一种或多种的支持者,但又绝不能被轻率地贴上纯粹盎格鲁遵从论者、熔炉论者或结构与文化多元主义者身份标签。换言之,对这三种不同的模式,他均既有肯定,又有批评、否定。他的深刻、高明之处不但在于以熔炉论、文化多元主义补正盎格鲁遵从论,以盎格鲁遵从论、多元主义补正熔炉论,及以盎格鲁遵从论、熔炉论补正结构与文化多元主义,更在于从社会学角度对这三种理论模式均进行了检验、校正和补充。从他那里,我们可以得到足够的理论与事实根据,既不必对过往各种美国同化模式一概弃置不顾,也不必迷信这三种模式中的任何一种。

但正由于戈登对这三种模式均既有所肯定,所以他偶尔也会被误解为一位单一的盎格鲁遵从论者、熔炉论者或结构与文化多元主义者。的确,无

---

① ［美］米尔顿·M.戈登:《美国生活中的同化》,马戎译,译林出版社,2015 年,第 220~221、245 页。

② 同上,第 235 页。

论给他贴何种标签,其实都不难从书中找到相应的证据支持(尽管也有相反的证据)。这当然是造成误解的重要原因之一。但还有一个重大原因,这里也不可不提。显然,戈登此书缺乏一种国际比较的视野。他承认"土著人的重新安置"以及自由移民对于美洲大陆的经验来说"更具决定性"。①但在写作中,他却基本上只以自由移民为考察对象,有时也兼及美国黑人;美国印第安人虽被一再提及,却被视为例外加以简化处理。这种做法自然符合美国实际。然而自由移民也好,美国黑人也好,其实性质都非常特殊,在美国虽然构成大问题,但到了别的国家和地区,就未必有同样或类似的问题(他们有别的问题)。戈登不仅没有充分注意到美国处理自由移民及黑人等问题的经验在适用其他地方、其他问题上的有限性,反而开篇伊始就说:"我们得到的结论对于那些人口内部具有种族、宗教和文化背景多样化特征的国家也同样适用,这即是说,我们得出的结论将会适用于人类社会的绝大多数国家。"②他的观点不时被来自异国他乡、预先抱有某种成见的人按照自己的需要胡乱取经,并不意外。这里的责任,自然已经不应由戈登独自来承担了。

六、结论

美国政治学家塞缪尔·亨廷顿曾经认为:在美国,基于种族、地区、阶级的政治信念,只是一些"另类政治价值体系";与美国人对于其基本政治价值(可以高度概括为"自由、民主、多数人治理、少数人权利、言论自由和宗教自由",以及平等的观念)的广泛认同相比,这些另类政治价值的"命运不济",是一个显然的事实。最有力的证据就是历史上那些抱着"另类的观念体系"来到美国的新移民。在后来的发展过程中,这些"移民和他们的孩子用美国

① [美]米尔顿·M.戈登:《美国生活中的同化》,马戎译,译林出版社,2015年,第54页。
② 同上,第1页。

的传统伦理取代了自己的传统伦理",他们融入美国主流社会后,都上升为中产阶级。一场"交换"发生了:移民们必须皈依美国政治价值、理念和象征,才能成为"美国人";但只要他们"接受并认同于美国社会、经济、政治价值和体制就能成为美国人",享有美国公民权利。这一过程表明:"在美国政治中,种族权力的提升与种族伦理的湮灭相辅相成。"①

这些看法,使得亨廷顿接近于戈登所归纳的盎格鲁遵从论者,或是熔炉论者,唯独不像文化多元主义者。

本书的研究对象是美国印第安人政策史,那么最后这段两百多年的历史,能支持亨廷顿的结论吗?

印第安民族是有着自己独特传统的原住民和历史共同体,以及原先独立、组织相对完整、居住集中的少数民族,其文化、特性及诉求与美国基本政治价值相比,显然比其他任何移民性种族、族群(如果把黑人这种被迫的移民也算上的话,那么移民性群体就是美国种族与族群中的绝对主流)都更有资格称为"另类政治价值体系",甚至是"另类"中的另类。在美国,移民们"不会单独地宣称国民认同"②,印第安人在历史上却一再尝试这样做过(当然都失败了);移民们往往还都有主动融入美国主流社会或搭美国顺风车的意愿,希望美国像对待普通美国公民一样对待他们,而印第安人即使在被纳入美国化与公民化进程后,长期以来,仍有维护本民族集体权利与社会文化权利、实施自治的强烈诉求,缺乏成为美国个体公民、适应美国主流社会的意愿与能力。③这既符合他们的历史与传统,也有抽象权利与实际条件的支持。同时,由于他们与白人之间有着体型、语言、宗教、文化及经济、社会发展阶

---

① [美]亨廷顿:《失衡的承诺》,周端译,东方出版社,2005年,第20~23、27~31页。

② 同上,第30页。

③ 即使到1997年,对印第安青年人的一次调查显示,96%以上的人仍认同印第安民族(nation),40%以上的人甚至只认同印第安国籍(nationality),仅一半多一点的人认为自己是美国公民。See David E. Wilkins & Heidi K. Stark, *American Indian Politics and the American Political System*, Lanham, Maryland: Rowman & Littlefield Publishers, Inc., 2011, p.190.

段等各方面的根本差异,融入美国的难度也远远超过移民。所以就连亨廷顿也不得不承认,印第安民族是美国的一个例外;①他们要融入主流社会,必须走一条更为特殊的、区别于移民群体的美国化与公民化道路。

印第安民族的情形, 在以移民或移民的后代为人口主流的美国属于特例,但在美国以外的其他国家尤其是多民族国家里,也许却属于常态。要解决此类少数民族顺利融入主流社会的难题,最少应具备三个基本前提:①主流社会的接纳,按不同的层次,可以分为在政治、经济以及社会文化差异等各方面之上的接纳;②该少数民族精英人物对民族融合的热情支持与推动;③该少数民族普罗大众至少愿意对民族融合予以默认。在这三点上,印第安民族均有可能构成大问题。

美国与印第安人部落之间无政府状态的逐步终结, 为美国主流社会的接纳印第安人打开了沉重的大门。19 世纪 70 年代至 20 世纪 30 年代联邦印第安人政策推行的是一种强制美国化与公民化战略, 其进步意义正在于顺应并延续了这一趋势。换言之,它正式打开了美国主流社会在政治、经济上接纳异质种族的大门,但对于两者之间的社会文化差异,它不仅不予接受,反而从根本上进行反对与打击。这一政策得到了少部分具备身份转型与文化适应能力及意愿的印第安民族精英的支持 (以后这些人往往成为反对印第安人新政以来联邦文化多元主义政策思路的主要力量);但在绝大多数没有意愿、能力适应美国主流社会的印第安人尤其是普罗大众那里,却因其种种恶果而招致了广泛的冲击和对抗。由于这些原因,在强大、外在的美国化压力面前,印第安民族的"另类观念体系"并不像在移民中那样"命运不济"。他们没有接受新的观念体系,由此"提升"自己作为美国公民的"种族权力",同时,其原有的"种族伦理"也并没有"湮灭"。强制同化政策没有也不可能在印第安人中催生出亨廷顿所谓的"交换",它自己反而在 20 世纪 30 年代遭

---

① [美]亨廷顿:《失衡的承诺》,周端译,东方出版社,2005 年,第 30 页;[美]亨廷顿:《我们是谁?——美国国家特性面临的挑战》,程克雄译,新华出版社,2005 年,第 40 页。

到取消,并为联邦的印第安人新政所取代。

新政有限地采纳了文化多元主义的新思路,开始承认、包容印第安民族与美国主流社会之间的文化差异,并在此基础上实施新的美国化与公民化战略。这一定程度上满足了不少印第安精英及多数普罗大众的要求,取得了他们的支持或默认;但它僵化的思维、工具化的处理方式以及某种意义上带有复古倾向的办法,显然不足以适应开始美国化与公民化进程后内部已经高度分化的印第安民族现实。因此,新政虽然开了新的风气,但加剧了印第安民族内部观念、利益相互抵触者之间的争议与分化。

从某种意义上说,当代多元主义秩序的扩展改变了这一切。在印第安人利益集团活动的兴起与扩展中,我们看到,一方面它与当代美国印第安政策的文化多元主义改革(由传统的政治、经济多元主义扩展为政治、经济、文化等各方面的多元主义)互为因果;另一方面,它也将原本只是内在于美国政治与西方传统的多元主义也植入了印第安人当中,从而改变了印第安民族的状况与命运。由此,不仅印第安人的特殊文化权利在国家政治框架内得到了应有的尊重及保障,而且他们当中不同群体、不同类型、不同层次的多元化诉求,也通过其与美国官方及主流社会越来越强的交融、互动中,得到了体现与兼容。历史显出了它吊诡的一面。印第安民族的"另类观念体系"在得到国家政策层面的承认与包容之后,反而出现了像移民中一样的"命运不济"趋势;作为民族,印第安人的美国化与公民化进程也空前提速,并由原来的"例外",变得现今与美国其他种族、族群越来越接近。亨廷顿所谓的"交换"不仅发生了,而且还在加快它的脚步。

美国印第安人政策史最终证明了亨廷顿结论的正确性,盎格鲁遵从论或熔炉论似乎取得了胜利。但是我们不要急于去迷信它们,因为两百余年来的美国印第安人政策史证明:两者取得胜利的过程和背后,始终离不开戈登归纳但同样并不迷信的另外一种模式——文化多元主义。

参考文献

一、中文部分

1.[美]阿尔蒙德、鲍威尔:《比较政治学——体系、过程和政策》,曹沛霖等译,东方出版社,2007年。

2.[美]阿尔蒙德、维巴:《公民文化——五个国家的政治态度和民主制度》,张明澍译,商务印书馆,2014年。

3.[美]大卫·阿米蒂奇:《独立宣言:一种全球史》,孙岳译,商务印书馆,2014年。

4.[美]杰弗里·贝瑞、克莱德·威尔科克斯:《利益集团社会》,王明进译,中国人民大学出版社,2012年。

5.[美]露丝·本尼迪克特:《文化模式》,王炜等译,生活·读书·新知三联书店,1988年。

6.[美]查尔斯·比尔德、玛丽·比尔德:《美国文明的兴起》,许亚芬、于干译,商务印书馆,2010年。

7.[英]波尔:《美国平等的历程》,张聚国译,商务印书馆,2007年。

8.[英]以赛亚·伯林:《启蒙的三个批评者》,马寅卯、郑想译,译林出版社,2014年。

9.[美]丹尼尔·布尔斯廷:"美国人三部曲"(包括《美国人:殖民地历程》《美国人:建国的历程》《美国人:民主的历程》),时殷弘等译,上海译文出版社,2012 年。

10.陈华:《美国多元文化主义评析》,《学海》2003 年第 1 期。

11.陈建樾:《国家的建构过程与国族的整合历程》,《世界民族》2015 年第 1 期。

12.丁见民:《美国印第安人的土地私有化》,《史学月刊》2009 年第 7 期。

13.丁见民:《试论美国土著民族反对印第安人新政的原因》,《世界历史》2006 年第 6 期。

14.董小川:《美利坚民族认同问题探究》,《东北师范大学学报》2006 年第 1 期。

15.[美]方纳:《美国自由的故事》,王希译,商务印书馆,2002 年。

16.高鉴国:《试论美国民族多样性与文化多元主义》,《世界历史》1994 年第 4 期。

17.[美]米尔顿·M. 戈登:《美国生活中的同化》,马戎译,译林出版社,2015 年。

18.[美]N. 格拉泽:《美国北方、南方和西方的民族集团》,唐裕生译,《民族译丛》1983 年第 4 期。

19.[美]格林菲尔德:《民族主义:走向现代的五条道路》,王春华等译,上海三联书店,2010 年。

20.李丽红编:《多元文化主义》,浙江大学出版社,2011 年。

21.[英]海伍德:《政治的意识形态》,陈思贤译,五南图书,2009 年。

22.[英]安德鲁·海伍德:《政治学核心概念》,吴勇译,天津人民出版社,2008 年。

23.[美]汉弥尔顿、杰伊、麦迪逊:《联邦党人文集》,程逢如、在汉、舒逊译,商务印书馆,1980 年。

24.郝时远:《美国是中国解决民族问题的榜样吗?》,《世界民族》2012 年第 2 期。

25.郝时远:《民族认同危机还是民族主义宣示?——亨廷顿〈我们是谁〉一书中的族际政治理论困境》,《世界民族》2005 年第 3 期。

26.何顺果:《"Americans"的民族学意义》,《读书》2013 年第 2 期。

27.[美]亨廷顿:《文明的冲突》,周琪等译,新华出版社,2013 年。

28.[美]亨廷顿:《我们是谁?——美国国家特性面临的挑战》,程克雄译,新华出版社,2005 年。

29.[美]亨廷顿:《失衡的承诺》,周端译,东方出版社,2005 年。

30.胡鞍钢、胡联合:《第二代民族政策:促进民族交融一体和繁荣一体》,《新疆师范大学学报(哲学社会科学版)》2011 年第 5 期。

31.胡锦山:《二十世纪美国印第安人政策之演变与印第安人事务的发展》,《世界民族》2004 年第 2 期。

32.胡锦山:《〈印第安人博彩业管制法〉及其对印第安部落地位的影响》,《世界历史》2013 年第 3 期。

33.[美]华盛顿:《华盛顿选集》,聂崇信、吕德本、熊希龄译,商务印书馆,1983 年。

34.黄绍湘:《美国通史简编》,人民出版社,1979 年。

35.[美]杰斐逊:《杰斐逊集》(上册),刘祚昌、邓红风译,生活·读书·新知三联书店,1993 年。

36.[美]杰斐逊:《杰斐逊选集》,朱曾汶译,商务印书馆,1999 年。

37.[加拿大]威尔·金里卡:《自由主义、社群与文化》,应奇、葛水林译,上海译文出版社,2005 年。

38.[加拿大]威尔·金里卡:《少数的权利——民族主义、多元文化主义和公民》,邓红风译,上海译文出版社,2005 年。

39.[加拿大]威尔·金里卡:《当代政治哲学》,刘莘译,上海译文出版社,2011 年。

40.[加拿大]威尔·金里卡:《多元文化的公民身份———一种自由主义的少

数群体权利理论》,马莉、张昌耀译,中央民族大学出版社,2009年。

41.[美]卡尔威因、帕尔德森:《美国宪法释义》,徐卫东、吴新平译,华夏出版社,1989年。

42.[美]托马斯·库恩:《科学革命的结构》,金吾伦、胡新和译,北京大学出版社,2012年。

43.[美]戴安娜·拉维奇:《美国读本》,林本椿等译,生活·读书·新知三联书店,1995年。

44.[美]戴维·兰德斯:《国富国穷》,门洪华等译,新华出版社,2001年。

45.李剑鸣:《文化的边疆——美国印第安人与白人文化关系史论》,天津人民出版社,1994年。

46.李剑鸣:《美国土著部落地位的演变与印第安人的公民权问题》,《美国研究》1994年第2期。

47.李剑鸣:《美国印第安人保留地制度的形成与作用》,《历史研究》1993年第2期。

48.李剑鸣:《文化接触与美国印第安人社会文化的变迁》,《中国社会科学》1994年第3期。

49.李胜凯:《早期美国政府对印第安人的政策初探》,《齐鲁学刊》1993年第1期。

50.梁茂信:《美国移民政策研究》,东北师范大学出版社,1996年。

51.刘绪贻等主编:《美国通史》(6卷本),人民出版社,2002年。

52.[美]詹姆斯·马丁等:《美国史》(上册),范道丰等译,商务印书馆,2012年。

53.马全忠:《印第安民族运动史》,联经出版事业股份有限公司,2008年。

54.马戎:《美国的种族与少数民族问题》,《北京大学学报(哲学社会科学版)》1997年第1期。

55.马戎:《理解民族关系的新思路——少数族群问题的"去政治化"》,《北京大学学报》2004年第6期。

56.马戎:《知识分子在社会族群结构和族际交往中的角色——读〈美国人生活中的同化〉》,《社会科学战线》2013年第7期。

57.W. C. Macleod:《印第安人兴衰史》,吴泽霖、苏希轼译,商务印书馆,1947年。

58.[美]马丁·N.麦格:《族群社会学:美国及全球视角下的种族和族群关系》,祖力亚提·司马义译,华夏出版社,2007年。

59.[英]米勒、波格丹诺主编:《布莱克维尔政治学百科全书》,邓正来译,中国政法大学出版社,2002年。

60.[美]摩尔根:《美国土著的房屋和家庭生活》,李培茱译,中国社会科学出版社,1985年。

61.[日]内田满:《现代美国压力政治》,唐亦农译,复旦大学出版社,2007年。

62.[德]尼科莱森:《杰弗逊》,张宇辉译,河北教育出版社,2001年。

63.宁骚:《民族与国家》,北京大学出版社,1995年。

64.任军锋:《地域本位与国族认同》,天津人民出版社,2004年。

65.沈宗美:《对美国主流文化的挑战》,《美国研究》1992年第3期。

66.[英]安东尼·史密斯:《民族主义:理论、意识形态、历史》,叶江译,上海人民出版社,2011年。

67.[美]托马斯·索威尔:《美国种族简史》,沈宗美译,中信出版社,2011年。

68.谭融:《美国利益集团政治研究》,中国社会科学出版社,2002年。

69.杨生茂编:《美国历史学家特纳及其学派》,商务印书馆,1984年。

70.马戎编:《西方民族社会学经典读本——种族与族群关系研究》,北京大学出版社,2010年。

71.[法]托克维尔:《论美国的民主》(上册),董果良译,商务印书馆,1988年。

72.王建娥:《多元文化主义观念和实践的再审视》,《世界民族》2013年第4期。

73.王希:《多元文化主义的起源、实践与局限性》,《美国研究》2000年第

2 期。

74.李丽红编:《多元文化主义》,浙江大学出版社,2011 年。

75.[美]沃什伯恩:《美国印第安人》,陆毅译,商务印书馆,1997 年。

76.[英]沃特森:《多元文化主义》,叶兴艺译,吉林人民出版社,2005 年。

77.吴洪英:《试论美国政府对印第安人政策的轨迹》,《世界历史》1995 年第 6 期。

78.[美]戈登·S. 伍德:《美国革命的激进主义》,傅国英译,商务印书馆,2011 年。

79.杨恕、曾向红:《美国印第安人保留地制度现状研究》,《美国研究》2007 年第 3 期。

80.郑茜、牛志勇:《"'去政治化'和'文化化'的意思,就是要给少数民族更大的活动空间和更完整的公民权利!"——对话马戎教授》,《中国民族》2011 年第 9 期。

81.周少青:《多元文化主义视阈下的少数民族权利问题》,《民族研究》2012 年第 1 期。

82.朱伦:《西方的"族体"概念系统——从"族群"概念在中国的应用错位说起》,《中国社会科学》2005 年第 4 期。

83.朱伦:《走出西方民族主义古典理论的误区》,《世界民族》2000 年第 2 期。

二、外文部分

1.Allan J. Cigler & Burdett A. Loomis, eds., *Interest Group Politics*, Washington, DC: CQ Press, 2007.

2.Amy Gutmann, "The Challenge of Multiculturalism in Political Ethics", *Philosophy & Public Affairs*, Vol.22, No.3, Summer, 1993.

3.Angie Debo, *A History of the Indians of the United States*, Norman: University of Oklahoma Press, 1970.

4.Armand S. La Potin, *Native American Voluntary Organizations*, Westport, Connecticut: Greenwood Press, 1987.

5.Bernard W. Sheehan, *Seeds of Extinction: Jeffersonian Philanthropy and the American Indian*, NY: Norton & Co., 1973.

6.C. Fried(ed.), *Minorities: Community and Identity*, Berlin: Springer-Verlag, 1983.

7.C. Matthew Snipp, "The Changing Political and Economic Status of the American Indians: From Captive Nations to Internal Colonies", in *American Journal of Economics and Sociology*, No.45, 1986.

8.Camilla Townsend, ed., *American Indian History: A Documentary Reader*, The Atrium, Southern Gate, Chichester, West Sussex(UK): Willy-Blackwell, 2009.

9.Caroline Duvieusart-Déry, *Multiculturalism Policy Index: Nationalt Minority Policies*, School of Policy Studies, Queen's University at Kingston, Canada, 2011.

10.Curtis F. Jackson & Marcia J. Galli, *A History of the Bureau of Indian Affairs and Its Activities among Indians*, San Francisco, California: R&E Research Associates, Inc., 1977.

11.David E. Wilkins & Heidi K. Stark, *American Indian Politics and the American Political System*, Lanham, Maryland: Rowman & Littlefield Publishers, Inc., 2011.

12.Dennis S. Ippolito & Thomas G. Walker, *Political Parties, Interests Groups, and Public Policy: Group Influence in American Politics*, Englewood Cliffs, NJ: Prentice-Hall, Inc., 1980.

13.Donald J. D'Elia, "The Argument over Civilian or Military Indian Control, 1865-1880", in *Historian*, 24, 2 February, 1962.

14.Du Bois, *The Autobiography of W. E. B. Du Bois*, NY: International Publishers, 1968.

15.Du Bois, *The Soul of Black Folk*, NY: New American Library, 1969.

16.Duane Champagne, ed., *Chronology of Native North American History*, Detroit, MI: Gale Research Inc., 1994.

17.Emma R. Gross, *Contemporary Federal Policy toward American Indians*, Westport, Conn.: Greenwood, 1989.

18.Eric Jensen, "American Indian Tribes and Secession", in *Tulsa Law Review*, Vol.29, 1993.

19.Erin Tolley, *Multiculturalism Policy Index: Immigrant Minority Policies*, School of Policy Studies, Queen's University at Kingston, Canada, 2011.

20.Frances Svensson, *The Ethnics in American Politics: American Indians*, Minneapolis, Minnesota: Burgess Publishing Company, 1973.

21.Francis Paul Prucha, *American Indian Policy in the Formative Years*, Cambridge, Massachusetts: Harvard University Press, 1962.

22.Francis Paul Prucha, ed., *Documents of United States Indian Policy*, Lincoln: University of Nebraska, 1990, 2000.

23.Francis Paul Prucha, *Indian Policy in the United States: Historical Essays*, Lincoln: University of Nebraska Press, 1981.

24.Francis Paul Prucha, *The Great Father: The United States Government and the American Indians*, Lincoln: University of Nebraska Press, 1984.

25.Grant H. Cornwell & Eve Walsh Stoddard eds., *Global Multiculturalism: Comparative Perspectives on Ethnicity, Race, and Nation*, Lanham, Maryland: Rowman & Littlefield Publishers, Inc., 2001.

26.Guito Bolaffi, ed., *Dictionary of Race, Ethnicity and Culture*, London: Sage, 2003.

27.Harold E. Fey & D'Arcy McNickle, *Indians and Other Americans*, NY: Harper and Row, 1959.

28.Henry Dennis, *The American Indian(1492-1976)*, Dobbs Ferry, NY: Oceana Publications, 1977.

29.Horace Kallen, *Culture and Democracy in the United States*, NJ: Transaction Publishers, 1998.

30.Israel Zangwill, *The Melting Pot*, NY: The Macmillan Co., 1909.

31.Jack D. Forbes, ed., *The Indian in America's Past*, Englewood Gliffs, NJ: Prentice-hall, Inc., 1964.

32.James S. Olson & Raymond Wilson, *Native Americans in the Twentieth Century*, Urbana and Chicago: University of Illinois Press, 1984.

33.James S. Olson, ed., *Encyclopedia of American Indian Civil Rights*, Westport, CT: Greenwood Press, 1997.

34.Jane Addams, *Twenty Years at Hull-House*, NY: The Macmillan Co., 1914.

35.Jill Norgren & Serena Nanda, *American Cultural Pluralism and Law*, Westport, Connecticut: Praeger Publishers, 1996.

36.Joane Nagel, *American Indian Ethnic Renewal: Red Power and the Resurgence of Identity and Culture*, NY: Oxford University Press, 1997.

37.John Collier, *From every Zenith: A Memoir; and some Essays on Life and Thought*, Denver: Sage Books, 1963.

38.John Collier, *Indians of the American: The Long Hope*, NY: New American Library, 1947.

39.John D. Buenker & Lorman A. Ratner eds., *Multiculturalism in the United States*, Westport, Connecticut: Greenwood Press, 2005.

40.John M. Barrington, "From Assimilation to Cultural Pluralism: A Comparative Analysis", in *Comparative Education*, Vol.17, No.1, Mar., 1981.

41.Joseph S. Roucek & Bernard Eisenberg,eds.,*America's Ethnic Politics*, Westport,Connecticut:Greenwood Press,1982.

42.Judith Resnik, "Dependent Sovereigns:Indian Tribes,States,and the Federal Courts",in *University of Chicago Law Review*,Vol.56,No.2,Spring, 1989.

43.Kenneth D. McRae, "The Plural Society and the Western Political Tradition",in *Canadian Journal of Political Science / Revue canadienne de science politique*,Vol.12,No.4,Dec.,1979.

44.Kenneth R. Philp, "Termination:A Legacy of the Indian New Deal",in *Western Historical Quarterly* 14,No.2(1983).

45.Kenneth R. Philp,*John Collier's Crusade for Indian Reform*,Tucson, Arizona:The University of Arizona Press,1977.

46.L. Sandy Maisel & Jeffrey M. Berry,eds.,*The Oxford Handbook of American Political Parties and Interest Groups*,NY:Oxford University Press,2010.

47.Larry C. Miller, "William James and Twentieth-Century Ethnic Thought", in *American Quarterly*,Vol.31,No.4(Autumn,1979).

48.Lawrence C. Kelly,*The Assault on Assimilation:John Collier and the Origins of Indian Policy Reform*,Albuquerque:University of New Mexico Press, 1983.

49.Leonard D. White,*The Jeffersonians:A Study in Administrative History*, *1801-1829*,New York:Macmillan Company,1951.

50.Lewis Meriam & Associates,*The Problem of Indian Administration*,Baltimore:John Hopkins Press,1928.

51.Lynn Hudson Parsons, "'A Perpetual Harrow upon My Feelings':John Quincy Adams and the American Indian",in *The New England Quarterly*,Vol. 46,No.3(Sep.,1973).

52.McNickle, *The Indian Tribes of the United States*, London: Oxford University Press, 1962.

53.Michael Lind, *The Next American Nation: The New Nationalism and the Fourth American Revolution*, NY: Simon & Schuster Inc., 1996.

54.Michael W. Hughey, ed., *New Tribalism: The Resurgence of Race and Ethnicity*, NY: New York University Press, 1998.

55.Michael Walzer(ed.), *The Politics of Ethnicity*, Cambridge, Mass.: Harvard University Press, 1982.

56.Milton M. Gordon, *Assimilation in American Life: The Role of Race, Religion, and National Origins*, NY: Oxford University Press, 1964.

57.Nancy Shoemaker, ed., *American Indians*, Malden, Massachusetts: Blackwell Publishers, 2011.

58.Nathan Glazer, *Ethnic Dilemmas: 1964-1982*, Cambridge, Mass.: Harvard University Press, 1983.

59.Oliver Trager, ed., *America's Minorities and the Multicultural Debate*, NY: Facts On File, Inc., 1992.

60.Paula D. McClain & Joseph Stewart Jr., *"Can We All Get Along?" Racial and Ethnic Minorities in American Politics*, Boulder, Colo.: Westview Press, 1995.

61.Peter D. Salins, *Assimilation, American Style*, NY: Basic Books, 1997.

62.Peter Nabokov, ed., *Native American Testimony: A Chronicle of Indian-White Relations from Prophecy to the Present, 1492-1992*, NY: Penguin Books, 1991.

63.Richard N. Ellis, ed., *The Western American Indian: Case Studies in Tribal History*, Lincoln: University of Nebraska Press, 1972.

64.Robert Burnette & John Koster, *The Road to Wounded Knee*, NY: Bantam Books, Inc., 1974.

65. Robert K. Thomas, "Colonialism: Classic and Internal", in *New University Thought*, No.4 Winter, 1966.

66. Robert M. Kvasnicka & Herman J. Viola, eds., *The Commissioners of Indian Affairs, 1824-1977*, Lincoln: University of Nebraska Press, 1979.

67. Robert M. Utley, *Frontier Regulars: The United States Army and the Indian, 1866-1891*, NY: Macmillan Publishing Co., Inc., 1973.

68. Roger C. Oven, et al., eds., *The North American Indians: A Sourcebook*, Toronto, Ontario: The Macmillan Company, 1967.

69. Ronald J. Hrebenar, *Interest Group Politics in America*, NY: M. E. Sharpe, Inc., 1997.

70. Samuel P. Huntington, *Who Are We? The Challenges to America's National Identity*, NY: Simon & Schuster, 2004.

71. Stephen Cornell, *The Return of the Native: American Indian Political Resurgence*, NY: Oxford University Press, 1988.

72. Stephen J. Kunitz, "The Social Philosophy of John Collier", in *Ethnohistory*, Vol.18, No.3 Summer, 1971.

73. Theodore W. Taylor, *American Indian Policy*, Mt. Airy, Maryland: Lomond Publications, Inc., 1983.

74. Theodore W. Taylor, *The Bureau of Indian Affairs*, Boulder, Colorado: Westview Press, 1984.

75. Thomas Sowell, *Migration and Cultures: A World View*, NY: Basic Books, 1996.

76. Troy Johnson, Joane Nagel & Duane Champagne, eds., *American Indian Activism: Alcatraz to the Longest Walk*, Urbana: University of Illinois Press, 1977.

77. Veldon Coburn, *Multiculruralism Policy Index: Indigenous Peoples*, School

of Policy Studies, Queen's University at Kingston, Canada, 2011.

78.Vernon Van Dyke, "The Individual, The State, and Ethnic Communities in Political Theory", in *World Politics*, Vol.29, No.3 Apr., 1977.

79.Vine Deloria, Jr. & Clifford M. Lytle, *The Nations Within: The Past and Future of American Indian Sovereignty*, NY: Pantheon Books, 1984.

80.Vine Delovia, Jr., ed., *American Indian Policy in the Twentieth Century*, Norman: University of Oklahoma Press, 1985.

81.Wayne Moquin & Charles Van Doren, eds., *Great Documents in American Indian History*, NY: Praeger Publishers, 1973.

82.Wilbur Zelinsky, *The Cultural Geography of the United States*, Englewood Cliffs, NJ: Prentice Hall, 1992.

83.Wilcomb E. Washburn, *Red Man's Land / White Man's Law: A Study of the Past and Present Status of the American Indian*, NY: Charles Scribner's Sons, 1971.

84.William A. Brophy & Sophie D. Aberle, compiled, *The Indian: American Unfinished Business*, Norman: University of Oklahoma Press, 1966.

85.William S. Belko, "John C. Calhoun and the Creation of the Bureau of Indian Affairs", in *The South Carolina Historical Magazine*, Vol.105, No.3 Jul., 2004.

86.William T. Hagan, *American Indians*, Chicago: The University of Chicago Press, 1979.

后　记

　　这本书能够完成，首先要感谢我的博士后合作导师王延中研究员。王老师不仅始终关心报告的选题、写作进度及其质量，还在方法论上多次给予指教。

　　此外，还要特别感谢我的博士生导师徐大同先生。他在学习、工作、生活等各方面的关怀、照顾，令人感动，催人奋进。

　　需要感谢的人员名单还很长，这里不一一列出。

　　当然，最后，一定还要特别向自己的家人致谢。

王　坚

2018 年 3 月 1 日于天津

政治文化与政治文明书系书目

1.《多元文化与国家建设》　　　　　　常士闇　高春芽　吕建明◎主编
2.《当代中国政府正义问题研究》　　　　　　　史瑞杰　等◎著
3.《社会管理的理论与实践》　　　　　　　曹海军　李　筠◎著
4.《历史中的公民概念》　　　　　　　郭台辉　余慧元◎编译
5.《让权利运用起来
　　　　——公民问责的理论与实践研究》　　　　　韩志明◎著
6.《应为何臣　臣应何为
　　　　——春秋战国时期的臣道思想》　　　　　刘学斌◎著
7.《社会转型期城市社区组织管理创新研究》　　　李　璐◎著
8.《党内民主与人民民主》　　　　　　　　田改伟◎著
9.《当代政治哲学视域中的平等理论》　　　　　高景柱◎著
10.《美德与国家
　　　　——西方传统政治思想专题研究》　　　王乐理　等◎著
11.《民主的否定之否定
　　　　——近代西方政治思想的历史与逻辑》　　　佟德志◎著
12.《马克思主义从原创形态向现代形态的发展
　　　　——关于中国特色社会主义基础理论的探索》　余金成◎著
13.《中国传统政治哲学的逻辑演绎》　　　　　张师伟◎著
14.《在理想与现实之间
　　　　——正义实现研究》　　　　　　　许　超◎著
15.《快速城镇化背景下的群体性突发事件预警与
　　　　阻断机制研究》　　　　　　温志强　郝雅立◎著
16.《中国共产党执政能力建设研究
　　　　——以中国政治现代化为背景》　　　　宋林霖◎著
17.《中国公共政策制定的时间成本》　　　　　宋林霖◎著
18.《当代中国政治思潮(改革开放以来)》　　　　马德普◎主编